正面管教

中国商业出版社

图书在版编目(CIP)数据

正面管教／品墨编著. -- 北京：中国商业出版社，2021.1(2022.5 重印)

ISBN 978-7-5208-1412-6

Ⅰ. ①正… Ⅱ. ①品… Ⅲ. ①家庭教育 Ⅳ. ①G78

中国版本图书馆 CIP 数据核字(2020)第 236521 号

责任编辑：石胜利

策划编辑：王　彦

中国商业出版社出版发行

(www.zgsycb.com　100053　北京广安门内报国寺 1 号)

总编室：010-63180647　编辑室：010-63033100

(100053　北京广安门内报国寺 1 号)

发行部：010-83120835/8286

新华书店经销

三河市众誉天成印务有限公司印刷

*

880 毫米×1230 毫米　32 开　6 印张　136 千字

2021 年 1 月第 1 版　2022 年 5 月第 3 次印刷

定价：36.00 元

* * * * *

(如有印装质量问题可更换)

前言

有人说，父母是孩子的第一任老师，也是孩子终身的老师，这是因为父母对孩子的一生都会产生重要的影响。正是因为受到这种观念的影响，很多父母当仁不让地肩负起教育孩子的重任，他们望子成龙，望女成凤，迫不及待地希望孩子成人成才。也有相当一部分父母陷入教育焦虑状态，对孩子寄予了过高的期望，与孩子沟通的时候声色俱厉，一旦发现孩子的表现不能达到自己的要求，他们就会否定、批评、嘲笑、挖苦孩子。他们对于自己不良的教育行为毫无觉察，一边不假思索地以语言打击孩子的信心，对孩子做出过激的举动，一边抱怨孩子总是与父母针锋相对。如今，在很多家庭里，父母与孩子之间很难做到有效沟通，亲子关系剑拔弩张，亲子感情淡漠疏远，这到底是为什么呢？

这是因为父母只想居高临下地对孩子发号施令，却不关心孩子真实的想法，也不想了解孩子的情绪和感受。他们只想向孩子灌输他们认为正确的一切，也强行要求孩子必须做到让他们满意。在传统的教育模式下，孩子们只会越来越叛逆，甚至因为冲动做出各种过激的举动，既伤害自己，也给家庭生活带来不能承受之痛。

近年来，越来越多的父母开始关注正面管教的教育理念。他们就像发现了新大陆一样欣喜，也以正面管教的教育理念为纽带，把自己与孩子联系在一起。这样的联系是平等的联系，是爱的联系，是尊重和信任的联系。真正理解了正面管教的理念，父母才会始终牢记教育的初心：那就是让孩子成为最好的自己。他们不再把自己没有实现的梦想寄希望于孩子，而是无条件地接纳孩子本来的样子，这从本质上有效改善了亲子关系，让家庭教育以全新的面貌得以呈现。

坚持正面管教的父母，对孩子不娇纵不宠溺，不批评不责骂，不否定不嘲笑，不挖苦不讽刺，不改变不强制，而是多规范多放手，多发现多赏识，多认可多夸赞，多鼓励多支持，多接纳多引导。当父母坚持和善而坚定地对待孩子，孩子就会在爱与自由中快乐地成长，成为最好的自己。

2020 年 11 月

目录

contents

揭开正面管教的面纱：
不惩罚、不娇纵，和善而坚定

正面管教是以不惩罚、不娇纵为原则，和善而坚定地教养孩子的教育方式。如果父母坚持正面管教，孩子就会自然成长，各方面的能力也会增强，最终将成长为独立自主的生命个体。

什么是正面管教

正在读一年级的晴晴最近表现出明显的叛逆特点。妈妈意识到，即将7周岁的晴晴提前进入了成长叛逆期。在这段时间里，母女间的关系剑拔弩张，妈妈还想像从前那样对晴晴发号施令，而晴晴呢，则从乖巧听话变得完全不听指挥。

初秋的一个清晨，妈妈查看了天气预报，发现降温了，就拿出一件高领打底衫让晴晴穿。晴晴看到打底衫，小嘴马上噘起来，不高兴地说："我不想穿这件衣服！"妈妈一听很生气："天气变冷了，不穿这件穿什么！赶紧穿！"晴晴更气愤了，把打底衫扔到一边，穿着睡衣打开衣柜的门，想自己挑选衣服。

这个时候，妈妈怒气冲冲地把柜门关上，喝令晴晴："赶紧去穿，是不是想挨揍？"晴晴委屈得"哇"的一声大哭起来，嘴里喊着"坏妈妈，坏妈妈"。爸爸闻讯赶来，赶紧安抚晴晴。得知事情的原委后，爸爸耐心地对晴晴说："晴晴，你想穿什么衣服？"晴晴说："我想穿汉服裙子。"爸爸提醒晴晴："今天降温了，风很大，穿汉服会特别冷。你看看，爸爸都穿上厚衣服了。你如果动作够快，可以迅速穿上汉服，爸爸带你去楼下感受一下温度，好不好？如果你再不行动起来，你就只能直接穿上妈妈给你准备好的衣服了，否则就会迟到。”听到爸爸的建议，晴晴赶紧穿上汉服和爸爸下楼了。才到室外，晴晴就忍不住打了个寒战。她乖乖地和爸爸回到家里，穿上了妈妈准备好的衣服。又因为来回换衣服耽误了时间，晴晴的动作很迅速，争取和平日里一样及时出门，按时到校。

妈妈的方法就是典型的非正面管教方法。在管教过程中，她没有意识到在孩子进入成长叛逆期时需要父母的尊重，而是想像以前那样严厉地对孩子发号施令，最终的结果却并不尽如人意。爸爸显然更懂得教育之道，他非但没有强求晴晴，反而带着晴晴亲自感受室外的温度，从而用事实教育孩子，对晴晴起到了教育作用，让晴晴心甘情愿地穿上了妈妈为她准备好的衣服。

在教育孩子的过程中，父母要注意与时俱进地陪伴孩子共同成长，切勿始终停留在孩子小时候对父母特别依赖和言听计从的阶段。实际上，孩子在两岁之后自我意识就会不断增强，他们会认识到自己和客观世界是相互独立的，也渐渐地有了主见，不想再凡事都听从父母的命令。为了与孩子更好地相处，父母要更新教育观念，改变教育方式方法，要以孩子的身心发展特点为基础，有的放矢地对孩子采取有效的教育措施，这样才能建立良好的亲子关系，也才能顺理成章地对孩子开展正面管教。

父母教育孩子的终极目标就是培养孩子的独立个性和独立能力，让孩子能够离开父母的庇护飞向属于自己的人生天地。正面管教的目标与父母养育孩子的初心完全契合，坚持好正面管教的理念及方法，能够使父母在尊重、鼓励孩子和教会孩子技能的基础上，让孩子身心健康地茁壮成长。

这个世界充满挑战，我们要给予孩子自信、智慧，也要让孩子拥有解决问题的真正能力。我们还要让孩子拥有健康的心理，拥有自尊感，让孩子实现自身存在的价值，并且能够让孩子和周围的人与世界和谐共生，相互促进，彼此成就。

要想坚持对孩子进行正面管教，父母需要做到哪些方面呢？首先，父母只有发自内心地尊重孩子，才能赢得孩子的尊重。尊重体现在以平等的方式与孩子沟通；始终怀有一颗赤子之心，能够设身处地地为孩子着想；能够控制自己的情绪，切勿情绪失控地对待孩子，使教育失去分寸。

其次，父母要透过现象看本质，透过孩子的行为表现看到隐藏的心理动机和心理需求。很多父母不理解孩子的所作所为，尤其是当孩子犯错误的时候，父母更是会因为着急或者愤怒而不分青红皂白地批评和指责孩子，这都会让孩子感到委屈，对父母关闭心扉。父母唯有了解孩子的心理动机和心理需求，才能理解孩子的行为表现，也才能更好地与孩子相处。

再次，正面管教要坚持不惩罚、不娇纵的原则，教会孩子有效地处理问题的方式和技能，目的在于协助和引导孩子解决问题，而非惩罚孩子。惩罚从来不是教育的目的，更不是父母养育孩子的初心。常言道，不忘初心，方得始终。不管什么时候，父母都要牢记初心，才能在管教孩子的过程中坚持原则，抓住重点，实现目标。

最后，积极地鼓励孩子，让孩子感觉更好，孩子才会做得更好。虽然从理性的角度来说，父母都不会对孩子“落井下石”，但是从现实来看，很多父母会无意中嘲笑、挖苦、讽刺孩子，也会在孩子失意沮丧的时候对孩子“落井下石”。孩子很看重父母的评价，这是因为孩子的自我评价能力还没有完全发展，所以他们会把父母的评价作为自我评价，由此可见，父母的评价将会影响孩子的自我评价，甚至影响孩子的成长和进步。所以，父母一定要坚持积极地鼓励孩子，慷慨地赞美孩子。即使要对孩子进行批评，也要先让孩子感觉更好，这才有助于帮助孩子主动地反思错误，积极地改正错误。

惩罚的方式与非惩罚的方式

在上文的事例中，晴晴的妈妈以“是不是想挨揍”的威胁性语言试图让晴晴妥协，但是却只换来了晴晴的哭泣。原本，晴晴早晨起床的时候心情很好，却因为与妈妈之间发生了这样的冲突，又不能按照自己的心意选择自己喜欢穿的衣服，所以晴晴的心情变得很糟糕。就在妈妈与晴晴之间的言语冲突即将升级为肢体冲突时，幸好爸爸赶来为晴晴解围，而且还提出了一个晴晴可以接受的解决问题的方式，从而平息了家庭中的战火。如果说妈妈倾向于以惩罚的方式对待晴晴的话，那么爸爸则更愿意采取非惩罚的方式对待晴晴。相比之下，哪一种教育方式效果更好，一目了然。

尽管有相当一部分父母尽管学习了正面管教的理念，但是却没有将这种理念真正转变为正面管教的思维。要想坚持对孩子进行正面管教，父母必须彻底地转变思维模式，采取全新的思考方式践行管教的理念，真正开展正面管教。

通常情况下，那些更倾向或者更擅长使用惩罚性方法教育孩子的父母，往往会进入思维的局限之中无法挣脱，他们所关心的无外乎是如何得到孩子的重视、如何让孩子接受被拒绝，如何让孩子对父母言听计从，如何避免再次发生相同的情况。他们一直在思考这些问题的答案，把自己弄得焦头烂额。只要用心分析就会发现，这些问题都只注重短期效果，所以也就会误导父母更坚定地采取惩罚性方法对待孩子。

换一个角度来说，父母只有对自己提出正确的问题，才能在教育孩子的过程中启发自己以非惩罚性的方法替代惩罚性的方法，让家庭教育起到更好的效果，也让自己和孩子都迎来好的转变。看到这里，相信很多父母会说："我们需要的不是高大上的教育噱头，而是切实有效的教育方法。"的确如此，我们要与大家分享的并非高大上的教育噱头，反而是比惩罚性的教育方法更加长期有效的教育方法。接下来，我们看一看什么才是正确的问题，从而学会积极地对自己进行提问，引导自己进行深入反思。

例如，如何帮助孩子，才能让孩子感受到自身力量的增强；如何帮助孩子，才能让孩子实现自身价值，获得归属感；如何帮助孩子，孩子才能学会尊重他人，与他人密切合作，并且能够掌握很多技能，从而卓有成效地解决问题；如何帮助孩子，我们才能与孩子一起以问题和错误为契机共同成长和进步？当我们对自己提出这些问题时，我们就不会只关注那些短期奏效的惩罚性措施，而是会自然而然地扩大教育的格局，让自己从更长远的角度出发考虑所有问题。事实证明，在教育孩子的过程中，当父母更关注解决长期问题时，水到渠成，他们就不会只关注短期问题。而且，当父母亲身践行这样的教育原则，也始终坚持采取正确的教育方式和方法时，孩子的成长就不会再单薄片面，而是会呈现出全面发展的态势，父母也会惊喜地发现孩子在某个方面的进步将会带动他整个人都发生令人惊喜的变化。

当父母采取非惩罚性的方式教育孩子，不再对孩子发号施令，不再动辄打骂孩子，也不再只关心孩子的学习，更不会侮辱、嘲笑和讽刺孩子时，那么孩子一定会更愿意与父母亲近，会更积极地与父母沟通，也会更加用心地思考父母的建议，对于父母的一些规定和限制，他们也更愿意理解。

对于孩子而言，最幸福的事情就是父母是真正爱他们的，而非仅仅关心他们的学习，这反而能够激发他们在学习上的积极性和主动性，也促使他们主动自发地坚持努力学习。看看吧，正面管教的方法就是如此神奇，它能从根源上改变家庭教育模式，让很多教育问题迎刃而解，也能让原本紧张的亲子关系得以缓和，让原本淡漠的亲子感情逐渐加深。

懂教育的人都明白一点，不管是父母教育孩子，还是老师教育孩子，一切教育都要建立在良好的关系之上，由此可见，正面管教也需要以良好的亲子关系为前提，这样才能为教育的开展夯实基础，铺平道路。

遗憾的是，现实生活中，绝大多数父母曾以惩罚的方式对待孩子，让孩子心有余悸。具体而言，我们要避免用哪些惩罚的方式对待孩子呢？例如，不要对孩子大喊大叫，厉声训斥，尤其是不要当众教训孩子，否则就会让孩子心生叛逆，也会损伤孩子的自尊心；有些父母虽然不会责骂孩子，但却总是对孩子唠叨不休，反复说教，殊不知在父母的长篇大论和老生常谈之下，孩子很容易产生超限效应，反而会故意与父母对着干；打孩子更是要不得的惩罚方式，有人曾说，父母打孩子就是欺负弱小，本质恰恰如此，所以也有人说只有无能的父母才会打孩子。不管出于什么原因，我们都不能打孩子，因为孩子终究会长大，总是会有我们打不动的那一天。在那一天到来的时候，孩子并未完全成熟，他们的身体长得高大强壮，可他们的内心却依然很稚嫩，需要父母的指引，因而父母切勿以打的方式提前终止对孩子的教育和引导。此外，还有很多父母会以威胁、警告等方式对待孩子，这都不属于正面管教的范畴。

在使用正面管教的方法对孩子进行教育时，父母要多多用心。每个孩子都是不同的生命个体，这也使得正面管教的方法变化多样，然而，变化再多也是万变不离其宗，只要能够坚持正面管教的原则，把握正面管教的方向，我们就总能针对自家孩子找到最有效的方法。具体来说，在以正面管教的方法教育孩子时，要坚持以下原则：引导孩子积极地参与；让孩子学会合作；发自内心地尊重孩子，教会孩子尊重他人；走入孩子的内心世界，了解孩子的所思所想；和善而坚定，说到就要做到；耐心地对待孩子，尊重孩子的节奏；无条件地接纳孩子，欣赏孩子本来的样子。

这些原则都契合正面管教的理念，对于帮助我们以正面管教的方法教育好孩子非常有益。作为父母，我们不要像工匠那样试图打磨和雕琢孩子，而是要成为一名观察者，了解和欣赏孩子的独特性，也相信孩子有能力做得更好。

运用自然后果与逻辑后果

在小学阶段，爸爸妈妈带着乐乐跟爷爷奶奶在一起生活。爸爸妈妈负责工作，乐乐负责上学，爷爷奶奶负责照顾好家。全家人分工明确，其乐融融。然而，自乐乐升入初一，爸爸妈妈就带着乐乐回到只有他们三口人的家里生活了，因为初中离他们的小家更近。没有了爷爷奶奶搞好后勤，这让妈妈面临很大的家务压力。每天，妈妈除工作之外，必须把留在家里的时间都用来操劳，才能完成繁重的家务。有的时候，妈妈已经洗完衣服了，乐乐突然又拿出一件脏衣服，这让妈妈很生气。尤其是如果乐乐忘记把校服及时放进洗衣机里，那么妈妈即使洗完衣服，也必须再次启动洗衣机，只为了洗乐乐的校服，否则次日乐乐就没有校服穿了。为此，妈妈几次三番地叮嘱乐乐："乐乐，记得把脏衣服放入洗衣机。"刚开始时，妈妈提醒的效果还不错，可随着时间的流逝，乐乐对妈妈的话完全不放在心上，又开始频繁地忘记把脏衣服放入洗衣机。妈妈生气地批评乐乐："乐乐，你忘记把校服放进洗衣机，如果单独为你洗校服，很浪费水和电；如果不单独为你洗校服，明天你就没有校服穿去学校，就会被老师批评。”然而，妈妈说完了，乐乐依然我行我素。妈妈呢，总是一边心疼水电费，一边再次启动洗衣机为乐乐洗校服。

后来，妈妈学习了正面管教的教育理念，也知道了自然后果和逻辑后果。她意识到自己告诫乐乐不穿校服会被老师批评就是逻辑后果。那么，这件事情的自然后果是什么呢？她苦思冥想，终于想到了答案，因而决定让乐乐承担自然后果。

这天晚上，妈妈在家中宣布：“以后，每天晚上只洗一次衣服，每个人都要负责把自己的脏衣服放进洗衣机，否则就只能等到次日晚上再洗。友情提醒你，乐乐同学，你的校服忘记洗了会很麻烦。”乐乐点点头。前几天，乐乐都能及时把校服放进洗衣机，可时间长了，乐乐又开始健忘了。一天晚上，妈妈洗完衣服了，乐乐才拿着校服来到洗衣机旁。妈妈对乐乐说：“我已经洗完衣服了。”乐乐看着脏兮兮的校服，为难地说：“但是，我的校服还没洗。今天下雨，校服被淋湿了，又脏又潮湿呢！”妈妈尽管心疼乐乐次日要穿着潮湿的校服去学校，但还是坚决地说：“我要到明天晚上才洗衣服。”无奈，乐乐只好又把校服拿回房间。次日，乐乐穿着脏兮兮的校服去学校，还有同学嘲笑他身上都是汗馊味儿呢！有了这次教训，乐乐再也没有忘记过及时把校服放进洗衣机了。

很多孩子有丢三落四的毛病，他们除了会像乐乐一样忘记及时把脏衣服放进洗衣机，还会忘记带午饭，忘记带当天要用的学习用具等。很多父母心疼孩子，一旦得到孩子的求助，马上就会放下手中正在做的事情，立即飞奔过去为孩子提供援助。如果父母始终都这样为孩子服务，那么孩子的记性只会越来越差，因为孩子不曾承担后果，也没有形成责任心。明智的父母会告诉自己：孩子在一生之中会犯很多错误，也会出现很多失误，父母虽然现在还能帮助孩子解决各种问题，但是随着时光流逝，父母渐渐老去，孩子长大成人越飞越远，父母就无法再事无巨细地照顾孩子了。所以，父母要从小培养孩子的责任心，让孩子能够勇敢地承担后果。

需要注意的是，在教育孩子的过程中，切勿总是以分析出来的逻辑后果试图劝阻孩子或者说服孩子。很多父母为了对孩子起到震慑作用，还会故意夸大逻辑后果，或者把逻辑后果说得非常严重，这对于教育孩子也许会在初期起到一定的效果，但是随着时间的流逝，效果将会越来越差。俗话说，百闻不如一见，对孩子而言，即使听父母说了很多次逻辑后果的严重性，也不如让他们亲自承担一次自然后果的效果更好。

在引导孩子承担自然后果的过程中，父母需要坚持的一点就是决定自己要做什么。例如在上述事例中，如果妈妈每次都帮助乐乐单独洗衣服，那么乐乐就会越来越记不住要把脏衣服放入洗衣机。从本质上来说，妈妈反复叮嘱乐乐，目的在于改变乐乐的行为，所以收效甚微。当妈妈从试图改变乐乐的行为到真正决定了自己应该做什么——不再单独帮助乐乐洗衣服，问题也就迎刃而解了。

当然，让孩子承担自然后果需要避开很多危险的情况。例如，当可以预见事情的结果有可能很糟糕，或者可能会对孩子造成不可弥补的伤害时，父母切勿使用这种方法对待孩子。例如孩子坚持要在下雨天去爬山，父母必须坚决拒绝，并且要有效地阻止孩子，否则孩子一旦在爬山过程中因为脚下湿滑而跌落谷底，就会危及生命。这样的自然后果是父母和孩子都不能承受的。

除会给孩子带来危险之外，有些自然后果还会给他人带来伤害，因此父母要避免这种自然后果真正发生。例如，还不懂事的孩子会用一些尖锐的东西打小朋友，那么父母作为监护人就要时刻看护好孩子，也要严肃告诫孩子不能用尖锐的东西打人，从而避免孩子做出这种伤害他人的举动。

还需要注意的是，如果自然后果给孩子带来的教训并不能当即发生，而是需要很长时间的积累才会显现出来，那么父母就不要采取让孩子承担自然后果的方式教育孩子。例如孩子不刷牙，需要很长时间才会长出蛀牙，而且长出蛀牙是对孩子不可逆转的伤害，那么从结果显现的时间和结果的可承受性来看，应该督促孩子刷牙而不应该采取让孩子承担自然后果的方式。对于生活中每天都必须坚持做的事情，父母最好给孩子制定规矩，帮助孩子养成良好的行为习惯，这样孩子就会习惯成自然，坚持做到。

随着孩子不断成长，父母也可以以告诫孩子逻辑后果的方式，帮助孩子避免某些行为。在使用逻辑后果教育孩子的过程中，需要坚持四个原则，即相关、尊重、合理、预先告知。所谓相关，指的是结果的发生与行为的出现是符合逻辑关系的；所谓尊重，指的是要坚持和善而坚定的正面管教理念，切勿对孩子做出羞辱、责备、刁难等行为；所谓合理，指的是后果要在合理的限度内，而切勿随意夸大；所谓预先告知，就是要提前告诉孩子他们的行为将会引发怎样的后果。只有同时符合这四个原则，父母才能恰到好处地运用逻辑后果对孩子进行教育，也才能起到良好的教育效果。一旦遗漏了其中任一原则，就会使运用逻辑后果教育孩子的非惩罚性教育方式变为惩罚。

例如，孩子画画时，没有和往常一样铺上垫板。妈妈告诫孩子："记得铺垫板哦，否则马克笔渗透性很强，会把餐桌染得五颜六色，很难擦干净。"然而，孩子依旧我行我素，并没有铺好垫板。等他画完画，妈妈看到桌子上的颜色，要求孩子把桌子擦干净。这是采取逻辑后果教育孩子的经典案例。在这个过程中，如果妈妈并没有提前告知孩子不铺垫板会让桌子染色，而是在桌子被染色之后喝令孩子把桌子擦干净，那么妈妈的教育行为就会变成惩罚。所以在用逻辑后果教育孩子时，一定要同时坚持四个原则。

不管是运用自然后果还是运用逻辑后果教育孩子，作为父母，我们的目的都不是让孩子吃苦，也不是惩罚孩子，而是让孩子有更好的表现。虽然现实生活中很多父母希望能够在孩子面前表现出作为父母的权威，但是大多数父母更愿意与孩子建立良好的关系，这样才能有效地对孩子进行教育。因此，我们要始终牢记教育的目的，也要采取切实有效的措施实现教育的目的。

很多父母为了让孩子长记性，为了让孩子做得更好，在教育中陷入了误区，认为必须先使孩子感觉更糟。其实，教育孩子不是与孩子生死搏斗，作为父母，我们切勿把自己与孩子对立起来。正如前文所说的，孩子只有在感觉更好时，才会做得更好，所以如果父母以惩罚的方式让孩子感觉更糟，孩子只会表现得更糟。从现在开始，让我们学会运用自然后果和逻辑后果教育孩子吧，相信在这两种教育方法的帮助下，我们一定能够更好地开展正面管教。

当情绪泛滥时，学会“暂停”

天天10岁了，正在读小学四年级。最近这段时间，因为写作业的问题，妈妈常常与天天发生冲突，有几次险些动起手来呢！难道天天不愿意写作业，是名差生吗？其实不然。天天在班级里排名前十，不但不是差生，还是优等生呢！他也能按时完成作业。问题出在和班级里大多数同学上若干门课外班，除了完成学校作业还要完成课外作业相比，天天没有上课外班，只需要完成学校作业，所以作业是很少的。因为担心天天在学习上落后，妈妈要求天天每天放学回家，除了要完成学校的作业，还要用半个小时完成一定量的课外作业。天天对此很抵触，他振振有词：“我考试考得还可以，为什么要让我做课外作业？”妈妈说：“其他同学都上课外班，不但要去上课，还要做课外班的作业。你既然不想上课外班，那么只用半个小时完成课外作业，还是很轻松的。”但是天天却坚决不做。

天天有点儿小狡黠，他想：妈妈肯定是看到我每天很快就能完成学校作业，所以才会打主意让我做课外作业。我要是延迟完成学校作业，妈妈看到我没有时间做课外作业，应该就不会再提出过分的要求了。在这种思想的驱使下，天天完成学校作业的速度越来越慢，从此前的1个多小时就能完成，到现在居然要3个多小时才能完成。妈妈当然看穿了天天的心思。

这天放学后，妈妈对天天说："拿着作业本到我电脑桌上写作业，我要测算一下你到底需要多久才能完成学校的作业，我还会问问其他家长，看看其他同学要多长时间能够完成学校的作业。"听到妈妈揭穿了自己的伎俩，天天不由得感到很忐忑，他噘着嘴巴极不情愿地到妈妈的电脑桌上写作业。写着写着，他忍不住拿起橡皮玩了起来。妈妈怒斥天天："专心写作业，不要三心二意！"妈妈的声音很大，吓了天天一跳。天天当即吼起来："我就这样！"妈妈看到天天这么叛逆，声调也越来越高，便与天天你一言我一语地争吵起来。妈妈越吵越生气，忍不住给了天天一巴掌，天天呢，则气得把板凳高高地举起来，又摔在地上。眼看着冲突渐渐升级，奶奶赶紧当救火员，把天天从妈妈身边拽走了。妈妈还想冲过去继续和天天理论，突然想起正面管教的"情绪按钮"，又想起网络上曾经报道很多父母因为情绪失控伤害孩子的事情，只得强行要求自己暂时坐下来消消气，晚些时候再和天天沟通。

大概10分钟之后，妈妈原本想要冲到天天的房间里和天天说个明白、争个胜负输赢的想法改变了。她暗暗想道："天天虽然已经10岁了，但终究是个孩子。他很容易冲动，我应该控制好自己，否则事态就会越来越严重。"

在这个事例中，因为奶奶及时赶来灭火，也因为妈妈意识到自己应该按下“情绪按钮”，所以在奶奶把天天带离之后，妈妈终于控制住自己，没有继续追着天天训斥。人是情绪动物，很多人容易陷入情绪的旋涡之中，被情绪裹挟着做出冲动的举动。实际上，人应该成为情绪的主宰，这样才能驾驭和掌控情绪。尤其是作为父母，在对孩子坚持正面管教的过程中，更要提升自己控制情绪的能力，这样才能积极有效地运用“暂停”。

积极的暂停不管是对于父母而言还是对于孩子而言都是非常重要的，能够帮助父母和孩子恢复平静，从而更加理性地处理和解决问题。心理学家经过研究证实，人一旦被愤怒冲昏了头脑，就会失去理智，也会导致智商降低。可想而知，一个智商降低、失去理智的父母对孩子而言是多么可怕。为了保护孩子，也为了坚持开展正面管教，父母必须对孩子运用积极的暂停，这样既有助于控制自己的情绪，也是对孩子负责的表现。

和积极的暂停相对的是惩罚性的暂停。惩罚性的暂停是面向过去的，当父母进行惩罚性的暂停时，孩子们会因为他们的过失或者错误而遭受惩罚，承受痛苦。正如前文几次强调的，孩子们只有感觉好，才会表现更好。显而易见，当孩子被痛苦纠缠时，他们就不会表现得更好。相比之下，积极的暂停能够帮助父母和孩子恢复冷静，连通大脑的理性部分。大脑的理性部分是面向未来的，这有助于帮助孩子保持积极的情绪，感受到鼓励，从而学会自我控制，也会在责任感的驱使下做出明智理性的决定，从而推动事情朝着好的方面发展。

为了帮助自己和孩子恢复冷静，在家庭生活中，父母和孩子可以设置一个“积极的暂停区”。不管是父母还是孩子需要积极的暂停时，都可以在特定的区域内暂停。为了帮助父母或者孩子尽快恢复冷静，还可以在暂停区准备一些东西，比如准备一个孩子喜欢的毛绒玩具，准备一些孩子喜欢看的绘本，或者如果孩子喜欢画画，也可以准备一些画画的用具，还可以给父母准备一些书，摆放一些绿植，这都有助于让人心情平静。

如果孩子已经比较大了，有自己的主见，那么他们还可以自主地设置“积极的暂停区”，也可以自主决定在暂停区内准备什么东西。“积极的暂停区”不仅能够对孩子产生吸引力，而且能够帮助孩子发泄负面情绪，尽快恢复冷静，这对于孩子而言更像具备了人生中至关重要的一项技能。父母要告诉孩子，只要他们愿意，随时都可以走出暂停区。这会提升孩子对暂停区的感受，让他们知道他们并不是因为遭受惩罚才不得不留在暂停区。

积极的暂停如此有效，但可以运用在所有孩子身上吗？又有哪些注意事项呢？积极的暂停不能用于低龄儿童身上，例如 3 岁以下的孩子还不具备推理能力，所以不适宜使用积极的暂停对待他们。在使用积极的暂停管教技巧时，父母要确定通过暂停，孩子的感觉会变得更好，这样孩子才会做得更好。

父母尤其需要注意的是，不要把积极的暂停作为一种惩罚的措施使用。不管在什么情况下，积极的暂停只有一个目的，那就是给自己和孩子一段时间冷静下来。因此，在决定让孩子进行积极的暂停之前，父母应该征求孩子的意见，切勿强迫孩子。在此过程中，父母可以给孩子做示范，引导孩子学会通过积极的暂停恢复冷静。虽然积极的暂停是有效的正面管教方法，但是也要与具体的事态发展和孩子的身心发展特点相匹配才能收到良好的效果，切勿盲目使用。

贴标签，让孩子自暴自弃

升入小学高年级，学习的压力陡然增大，学习任务更加繁重。小美在中低年级阶段学习出类拔萃，在进入高年级后，学习感觉很吃力。在五年级的第一次月考中，小美就因自己的成绩而深受打击。和四年级相比，她的月考成绩在班级里的排名下降了十几名。妈妈看到小美的成绩单几乎难以置信："你考试成绩怎么这么差？"妈妈好不容易才忍住批评小美的冲动，耐心地和小美一起分析原因，查找原因。后来，她们一致认为是因为小美还没有适应高年级的学习节奏。妈妈对小美说："从现在起，学习的节奏只会越来越紧张，所以你要尽快适应。距离期中考试只有一个月了，希望你在期中考试取得好成绩。"

经历了一个月的期待，小美拿回家的期中考试成绩单依然让妈妈很失望。这次，妈妈怒气冲天地质问小美："别人都能适应，为什么就你不能适应呢？你难道要等到小学毕业进入一所三流的初中再适应吗？"小美的泪水在眼眶里直打转，她不知道如何回答妈妈。看到小美没有像自己预期的那样表态，妈妈更生气地说："好啦，别哭啦，就知道哭哭哭！还不赶紧去写作业！你可千万别是个笨蛋，从此之后学习就走上下坡路了！"小美回到房间，耳边久久回响着妈妈的话，她羞愧得无地自容，连晚饭都没有吃。从此之后，小美在学习上真的开始下滑，而且对于学习信心全无，总是说"我太笨了"。

在学习的过程中，孩子的学习成绩出现下滑是很正常的情况，即使作为父母，在工作的过程中也不可能始终都保持进步的态势。换言之，就算那些学霸型的孩子，也不会在学习上始终稳步上升。学习的内容一直在更新，孩子的状态也会不停地变化，此外，校园环境、家庭环境等因素都会影响孩子的学习状态和学习效果。

综合上述因素，孩子在学习上出现波动是可以理解的。作为父母，当发现孩子的学习成绩有所下滑的时候，先不要急着催促孩子努力，也切勿不分青红皂白地否定孩子，而是要尊重和理解孩子，可以询问孩子在学习上是否遇到了困难，也可以在征求孩子的意见之后给孩子提供合理的建议和给予所需要的帮助，这才是对孩子有所助益的。

除给孩子提供切实的帮助之外，父母还要坚持正面管教的理念，在和孩子沟通的时候要以积极的方式进行，注重给孩子灌输向上的力量。上述事例中，小美在升入五年级出现成绩波动后，刚开始时还是追求努力上进的，后来却因为被妈妈贴上负面标签，因而形成了错误的自我认知，认为自己学不好就是自己"太笨了"。当孩子先入为主地认为自己缺乏天赋，再加上得不到父母的赞美和鼓励时，渐渐地他们就会自暴自弃。

小美妈妈如果能换一种说法，不给孩子贴上负面标签，而是在孩子遭遇困境的时候积极地鼓励孩子，给孩子以支持，并告诉孩子："你只要坚持努力，尽力学习，不管结果如何，爸爸妈妈都会为你骄傲。如果你在学习上遇到困难，随时都可以向爸爸妈妈求助；如果你认为自己需要补课，爸爸妈妈也会为你选择优质的教育机构。"作为父母的我们可以假设自己是孩子，那么在听到这样两段截然不同的话语时，内心又会有怎样的感受呢？前者会让我们灰心丧气、自暴自弃，后者则会让我们决不放弃、继续努力。

坚持正面管教，绝不仅仅是了解正面管教的教育理念、掌握正面管教的教育方式和方法就能做好的。更重要的是，我们要无条件地接纳孩子，要发自内心地爱孩子，也要时时刻刻坚持鼓励孩子。即使是成人，在遭到负面评价或者是言语打击的时候，也未免会心灰意冷，更何况是孩子呢？在孩子自我认知和自我评价的能力还没有得到发展与完善之前，在孩子还没有强大的内心足以抵御外界的恶意评价之前，我们作为父母一定要坚持鼓励孩子，使孩子拥有积极向上的力量。

此外，还要注意的是，父母不要对孩子过于控制。在控制型父母的养育之下，孩子很可能会产生很多逆反行为。例如，他们原本可以表现得很好，却为了和父母作对而故意表现得糟糕；他们原本可以和父母更加亲近，却因为不想被控制而故意疏远父母。现实生活中，很多父母打着爱的旗号无微不至地关心孩子，却忽略了随着孩子的不断成长，孩子各个方面的能力越来越强，他们已经具备了一定的独立能力，而父母最该做的就是及时对孩子放手。随着孩子能力的发展，父母循序渐进地对孩子放手，有助于孩子形成自我价值感、归属感，也有助于培养孩子各个方面的能力，让孩子得到成长，取得进步。

人非圣贤，允许孩子犯错

一个月前，思思背着书包走进了小学校园，成为一名一年级的小学生。原本，妈妈对思思一年级的生活满怀期待，她一厢情愿地认为思思在学校里的表现一定会非常好。为了帮助思思做好上一年级的准备，在幼儿园毕业后的暑假里，妈妈还给思思报名学习了幼小衔接课程。因此，不管是对于学习，还是对于人际交往，妈妈都不担心思思。然而，才开学没几天，妈妈就接到了老师的电话。原来，思思在学校里和一个同学打架了。

听老师讲述了事情的经过，妈妈不假思索地说："思思从来不打人。"老师哭笑不得："我亲眼看见她和另外一个孩子扭打在一起。"妈妈不知道该说什么了，她很清楚自己不能不相信老师，因而只好说："好吧，等思思放学回家，我一定严肃批评教育。"思思回家后，在妈妈的再三询问下，思思终于说出了真相。原来，思思不小心碰掉了同学的笔，没有及时向同学道歉，所以被同学打了。因此，思思就与对方扭打起来，恰巧被老师看到。

听完事情的整个经过，妈妈严厉地批评思思："思思，不管你碰掉同学的笔是无意的还是故意的，你都要向同学道歉，争取得到同学的原谅。当然，同学打人也是不对的。以后你课间玩耍的时候动作要轻一点儿，尽量避免碰到同学或者是同学的东西。如果和同学发生了矛盾，你也知道是自己的错误，或者是自己不小心，那么就要先道歉，再和同学讲道理，好吗？”虽然思思还不能完全听懂妈妈的话，但是她记住了要道歉，不能打人骂人。经过这次事情之后，思思与同学的相处状态有了很明显的改观。

在这个事例中，思思因为不小心而与同学发生了矛盾。作为坚持正面管教的父母，不要不问缘由地就批评孩子。在学校里，每个班级都有几十名学生，老师的时间和精力是有限的，未免会顾此失彼。有的时候，老师即使发现孩子们之间有矛盾，也没有足够的耐心查明真相。所以作为父母，我们要更加理性，要更有耐心，要通过孩子的行为了解到整件事情的全貌，这样才能对事情有正确的判断。在此过程中，我们还要引导孩子从错误中吸取经验和教训，踩着错误的阶梯努力成长。

其实，不仅孩子会犯错，包括父母在内的每一个成年人也会犯错误。只要怀着积极的心态面对错误，我们就能带着孩子一起抓住改正错误的机会而获得成长。有些时候，孩子的错误并非那么简单纯粹，还会牵涉其他人，那么父母就要教会孩子真诚地向他人道歉。

为了培养孩子勇敢面对错误的勇气，让孩子拥有以错误为契机提升自我的好习惯，在亲子相处中，父母要给孩子做好榜样，每当犯了错误就要勇于承认错误，也要能够承担错误引发的后果。

在父母与孩子的相处和交流中，如果父母犯了错误，也要主动向孩子道歉，这样才能让孩子在耳濡目染中受到积极的影响，既能改善亲子关系，也能教会孩子真诚及时地道歉。

此外，父母不能接受孩子犯错，还有一个很大的弊端，那就是会逼着孩子撒谎。人的本能就是趋利避害，很小的孩子就已经学会了自我保护。如果孩子每次犯错都会受到父母严厉的批评，那么渐渐地他们就不愿意再向父母承认错误。他们会刻意对父母隐瞒自己的错误，最终养成撒谎的坏习惯。和一切错误相比，撒谎都是更大的错误，因而父母要为孩子营造和谐民主的家庭氛围，这样孩子才会信任父母，不管做了怎样的错事，他们都愿意把真相告诉父母。

作为坚持正面管教的父母，我们自己首先要端正对于错误的态度，要真正把错误看成学习的机会。人们常说，心态改变，世界也随之改变。一个小小的错误，更是会随着我们态度的转变而给我们留下截然不同的印象。当我们怀着新奇有趣的心情看待错误时，就会觉得错误不仅可以被原谅，甚至有时会给人带来啼笑皆非的快乐。由此可见，错误给我们带来的并非全都是懊恼和沮丧。父母是孩子最好的老师，也对孩子有最大的影响力。不管是父母还是孩子，只要能够直面错误，就能够更加自信，也能够轻松地享受成长的过程。

和善而坚定，陪伴孩子成长

乐乐从小就是被妈妈吼大的。妈妈性格比较暴躁，脾气很坏，所以每当乐乐的表现不能让妈妈满意，或者乐乐不小心犯了什么错误时，妈妈马上就会把声音抬高八度和乐乐说话。如果乐乐故意调皮捣蛋，妈妈还会歇斯底里地批评和训斥乐乐。在这样的家庭环境中成长，乐乐渐渐地也养成了大喊大叫的坏习惯。

有一次，妈妈忘记把群里的作业告诉乐乐，乐乐对妈妈连声吼叫："你怎么回事啊，害得我没有完成作业，被老师批评。"妈妈也很委屈："我每天既要上班又要做家务，哪里有时间天天盯着你们的群啊！"乐乐还是不买账："那其他家长都是怎么盯着群的呢？他们也要上班，也要做家务啊！就你不能！"

爸爸在一旁看不下去了，批评乐乐："乐乐，爸爸妈妈为了你已经做了很多，你以后自己多关注老师布置的作业，不要总是让妈妈提醒你了。你不能指责妈妈，妈妈原本就是在帮助你，而不是必须那样做。"听到爸爸平静和缓的话，乐乐不敢继续冲着爸爸喊叫，只得噤声。

乐乐回到房间关上门开始写作业，爸爸对妈妈说：“你呀，以后不要冲着乐乐大喊大叫啦！你看看，他也学会大喊大叫了。你被他吼叫，觉得舒服吗？”妈妈沮丧地说：“当然不舒服。要不，以后你管乐乐。”爸爸耐心地说：“父母都要管孩子，这是义务，也是责任。我倒是建议你不要逃避，而是换一种方式和孩子沟通和交流。首先，你要控制住情绪；其次，你要压低声调；最后，你要用积极的方式表达，多鼓励、多赞美，少批评、少抱怨。”妈妈采纳了爸爸的建议，决定改变。后来，她还接触了正面管教的教育理念，并且和爸爸约定好要坚持正面管教。

为了给自己施加压力，以便让自己拥有更强大的动力，妈妈特意召开了家庭会议，向全家宣布以后要奉行正面管教的教育理念。为了帮助乐乐理解，妈妈还把正面管教的理念解释给乐乐听了呢！听到妈妈承诺以后再也不打骂或者是责罚他了，乐乐高兴得一蹦三尺高。在全家人的共同努力下，正面管教在乐乐家得以推行，也收到了良好的教育效果。

毋庸置疑，作为已经习惯了传统教育模式的父母，试图改变教育模式，以正面管教的理念为指导对孩子开展教育，显然是很难的。因此，在决定开展正面管教之前，父母可以让孩子知道父母正在试图改变对自己的教育方式，这就像对孩子做出了承诺，因而能够得到孩子的积极配合。

随着父母教育的理念和方式方法发生的改变，孩子也会有很明显的改变。但是父母要适度期待孩子的改变，也要以更包容的态度等待孩子成长。不可否认的是，任何教育理念或者教育方法都不可能与孩子身心发展带来的变化相抗衡。例如，当孩子进入青春期，他们的体内会分泌大量激素，身心开始快速成长，他们因此会表现出感情细腻、情绪冲动、自尊心强等特点。在此阶段，父母除了要坚持正面管教，还要关注孩子的身心变化，从而更好地陪伴在孩子身边。

父母也要给予孩子更大的成长空间，既要允许孩子偶尔犯错，也要允许孩子偶尔叛逆。打个比方，青春期孩子的体内有一股能量，这股能量就像一条龙在孩子的身体里、心灵中蹿来蹿去。父母与其对孩子严格管教，逼得孩子不得不瞒着父母去做一些事情，还不如对孩子更宽容、更理解，让孩子可以在父母的眼皮子底下光明正大地做一些事情，这样父母才能每时每刻都掌握孩子的情况。

也有一些父母因为自己不是完美的父母而感到烦恼，他们认为只有完美的父母才能培养出完美的孩子。当父母有这样的想法时，不但会给自己带来巨大的压力，也会给孩子带来巨大的压力。对孩子的教育绝不是一朝一夕就可以达到预期效果的，而是需要靠着点点滴滴的积累才能由量变到质变的。父母无须完美，孩子也无须完美，也许恰恰只有不完美的父母和孩子，才能坚持和善而坚定的正面管教，才能互相促进，彼此成就。

◇ 和善而坚定的教育方式 ◇

要想坚持对孩子进行正面管教，父母需要发自内心地尊重孩子，以平等的方式与孩子沟通，要能够控制自己的情绪，切勿情绪失控，使教育失去分寸。

高情商家教思维

1. “棍棒底下出孝子”“不打不成才”这种说法（　）。（单项选择题）

   A. 有一定道理　　B. 是专制型的家教观念

   C. 是正确的教育观念

2. 爱孩子是父母的天性，也是家庭教育的基础。家长对子女的这种爱应是（　）。（单项选择题）

   A. 溺爱　　B. 理智的爱　　C. 无原则的爱

3. 吩咐孩子做他力所能及的事情，他不肯做，家长应（　）。（多项选择题）

   A. 向孩子说明做这件事的意义和好处

   B. 随便，做不做都行

   C. 坚持让孩子做，使他明白该做的事必须做

4. 在孩子的成长过程中，家长必须明确（　）。（单项选择题）

   A. 孩子不是一个独立的人，他依赖家长的照顾，依靠家长为他做主

   B. 孩子是正在成长的人，他会逐渐走向成熟和独立，在成长过程中他需要家长的引导

   C. 孩子必然要长大，长大了自然会懂事，家长不用管他

5. 在教育孩子的过程中，你倾向于使用惩罚的方式还是非惩罚的方式，请简要说明理由。

____

____

____

爱与尊重，**让孩子拥有安全感和归属感**

爱与尊重，是父母给孩子的最好礼物。父母要深刻地理解爱与尊重的含义，要能够真正做到爱孩子，尊重孩子，为孩子营造民主和谐的家庭氛围，这样孩子才会拥有安全感和归属感。

安全感，是父母给孩子的最好礼物

6岁的可乐是一个极度缺乏安全感的孩子，她总是表现得异乎寻常的乖巧。可乐没有爷爷奶奶，也没有姥姥姥爷，而妈妈在休完产假之后不得不去工作，因而就把可乐交给保姆照顾。在短短1年里，可乐换了6个保姆，每个保姆工作的时间最长不超过3个月。频繁地更换保姆，使可乐缺乏安全感，总是畏缩胆怯。

刚进入幼儿园时，可乐就抱着水杯坐在一个角落里。直到几个月过后，她才慢慢地大胆起来，开始和小朋友小声交谈，偶尔也敢离开自己位于角落里的座位，四处活动了。升入一年级后，可乐的表现虽然有所改善，却依然不敢和同学们相处。有段时间，可乐受到一个男生的欺负，畏惧上学，早晨经常哭喊着不去学校，又不敢对妈妈说出真实的原因。妈妈百思不得其解，因为爸爸在外地工作，她只好独自去学校里和老师沟通。老师说，可乐特别孤独，不喜欢和同学交往，而且很爱哭，动不动就哭鼻子，有委屈也不说出来。和老师沟通之后，妈妈到教室里，看到可乐缩手缩脚地坐在教室里的模样，妈妈感到特别心疼。

缺乏安全感的可乐总是畏畏缩缩，总是被人欺负。可乐缺乏安全感的原因很明显，那就是她从小由保姆带大，又因为频繁地更换保姆，所以她要不停地接受和适应新保姆。再加上爸爸在外地工作，妈妈每天都忙着上班，因此可乐在不停地适应陌生保姆的过程中度过了婴幼儿时期，可想而知还不会流畅表达内心想法和感受的她有多么紧张焦虑。

心理学家经过研究发现，孩子缺乏安全感，不仅会影响他们在青春期的表现，而且会影响他们在成年之后的表现。很多父母误以为孩子 3 岁之前还不懂事，不管谁来带孩子都没关系，重要的是给孩子吃饱穿暖。实际上，在孩子 3 岁之前，妈妈最好不要与孩子分离超过两个星期，否则就会对孩子的心理发育造成严重的负面影响。

父母都希望孩子一生幸福，也都想要给孩子更快乐幸福的童年。那么父母就要知道，安全感是父母送给孩子的最好礼物，安全感也是孩子一生幸福的坚实基础。作为父母，要想坚持正面管教，要想做合格且优秀的父母，就要给予孩子满满的安全感。

那么，父母如何做才能给予孩子安全感呢？父母无条件地爱孩子，接纳孩子，让孩子感受到爱的信息，孩子才有可能获得安全感。现实生活中，很多父母打着爱孩子的旗号，对孩子各种挑剔和苛责。在孩子小时候，他们仅要求孩子能够身心健康，茁壮成长。然而，随着孩子不断成长，父母对孩子的要求越来越多，越来越高。他们希望孩子能够出类拔萃，也希望孩子有超过他们预期的表现。这使父母陷入了教育焦虑的状态，家长们对孩子过高的期望，无形中给了孩子太大的压力，使孩子在被父母批评和责怪的时候，对自己做出否定的评价。因为父母在教育孩子的问题上急功近利，所以很多孩子无法感受到父母的爱，他们甚至误以为父母只是爱他们考试取得的高分。由此可见，父母要想让孩子获得安全感，首先要做到的就是向孩子传递爱的讯息，让孩子相信不管在什么情况下，父母都是爱他们的，都是无条件接纳他们的。

在成长的过程中，孩子总是会犯各种各样的错误。作为父母，切勿因此而过度指责孩子，而是要让孩子相信，父母永远是他们最坚强的后盾，会给他们提供最强力的支持。只有拥有这样的信心，孩子才会变得更加勇敢、更加坚强。要想做到这一点，父母就要不忘初心，始终牢记对孩子的爱以及对孩子最深切的祝福，这样才能避免在教育孩子的过程中对孩子造成伤害，或者打着爱的旗号给孩子施加过大的压力。

除要向孩子传递爱的信息，让孩子对父母的爱满怀信心之外，父母还要做到更多，才能帮助孩子建立安全感。例如，父母要给孩子积极的心理暗示，而不要给孩子消极的心理暗示。孩子还小，缺乏人生经验，对于很多事情都没有判断能力，他们往往对父母所说的话不加甄别便信以为真。在这种情况下，父母给出的暗示对孩子的影响是很大的。

再如，父母要用心体察孩子的情绪，了解孩子的心理状态，满足孩子的心理需求。很多孩子长期处于欲求不被满足的状态，他们往往会失落沮丧，经常哭泣。虽然父母应该拒绝孩子不合理的请求，但是对于孩子合理的请求，父母再难也要设法满足，这样才能提振孩子的精神，让孩子对生活满怀热情。

此外，父母不要总是对孩子无限度地纵容和无原则地妥协。父母的溺爱是对孩子最大的伤害。父母如果总是溺爱孩子，让孩子娇纵无度，那么一旦进入社会，他们就会因为失去父母的庇护而无法适应社会生活，也会惊慌失措，没有安全感。

总而言之，父母养育孩子绝不仅仅是满足孩子的吃喝拉撒和照顾孩子的衣食住行那么简单。新生命从呱呱坠地开始，就要依靠父母无微不至的照顾而成长。不仅需要满足他们的生理需求，还需要满足他们的精神和情感需求，更要使他们获得安全感，只有这样，孩子们才能快乐成长。对于父母而言，教育孩子任重而道远，是需要投入毕生心力的伟大事业。父母要以给予孩子安全感，满足孩子的心理需求为己任，这样才能陪伴孩子健康成长。

多多询问，尊重孩子的意见

最近，小雨进入了六年级期末紧张的复习阶段，准备参加小升初考试。对于小雨去哪里就读初中，爸爸妈妈早已有所计划。他们希望小雨能凭实力考入全市最好的初中，也做好了准备：万一小雨不能考入最好的初中，他们就会找熟人托关系，哪怕花昂贵的赞助费，也不能让小雨输在起跑线上。爸爸妈妈很清楚，以小雨的成绩，想要考入最好的初中还是有很大难度的。所以他们提前联系了熟人，也准备好了十几万元的赞助费。果不其然，小升初考试的成绩出来了，小雨距离择优录取的分数线差距很大。爸爸妈妈当即开始活动起来，直到马上就要交赞助费了，他们才对小雨说起这件事情。

听到自己即将进入全市最好的初中读书，小雨非但不高兴，反而勃然大怒。他生气地质问爸爸妈妈："你们为什么不问问我的意见？"妈妈不置可否："小雨啊，你知道多少孩子想进入这所初中却没有办法吗？能够进入这所初中是多少孩子和家长求之不得的事情，你可别身在福中不知福。"

小雨被妈妈的话激怒了，他喊道："我就是不愿意去那所初中。按照片区，我会进入二中，我就去二中。我没有那个金刚钻，也不想揽那个瓷器活。你们千万别交赞助费，交了我也不去。"妈妈以为小雨说的是气话，但是爸爸却迟疑起来。爸爸说："小雨是个倔脾气，他要是打定了主意，十头牛都拉不回来。咱们是不是真的错了？要是提前问问小雨就好了，他说不定就不会这么抵触了。"爸爸反复和小雨沟通，最终确认小雨真的不想去最好的初中。无奈，爸爸妈妈只好放弃了这个计划。

在这个事例中，爸爸妈妈的确是为了小雨好，但是他们却考虑不周，在想方设法准备把小雨送进最好的初中之前，非但没有和小雨商量，甚至都没有告诉小雨。小雨是一个自尊心很强的孩子，他只想凭真本事考入重点初中，而不想通过旁门左道进入重点初中，因为他不想被人嘲笑。如果爸爸妈妈能够提前和小雨沟通，征求小雨的意见，相信小雨就不会这么排斥和抵触了。

在很多家庭里，父母都习惯了搞一言堂。家里不管有什么事情需要决策，父母也不管这些事情是否与孩子密切相关，他们第一时间就会代替孩子做出决定，甚至根本没有意识到自己是在越俎代庖。他们生养了孩子，就理所当然地认为自己有权决定与孩子相关的一切事情。不得不说，这些父母并没有摆正自己与孩子之间的关系。父母尽管是孩子的监护人，也是孩子的照顾者，但是这并不意味着父母可以决定孩子的一切。作为父母，一定要发自内心地尊重孩子，才能赢得孩子的尊重，也才能建立良好的亲子关系。

那么，父母有必要凡事都征求孩子的意见吗？这要根据孩子所处的年龄段来决定。对于年幼的孩子，他们并不具备做决定的能力，那么不管是家里的事情还是孩子的事情，都可以由父母商议决定。随着孩子不断成长，他们的自我意识得以发展，他们的独立性越来越强，在这种情况下，父母如果还是不由分说地就代替孩子做决定，或者强求孩子必须听从父母的决定，那么亲子关系就会因为权力之争而变得剑拔弩张。很多父母羡慕别人家的孩子愿意采纳父母的合理建议，却不知道别人家的父母是如何尊重和平等对待孩子的，更不了解别人家的父母一旦有事情就会与孩子友好协商。

不管何种类型的人际关系都遵循的一个重要原则，就是相互尊重，相互理解，相互信任。亲子关系也是如此。父母只有尊重孩子，才能赢得孩子的尊重；父母只有信任孩子，才能赢得孩子的信任；父母只有积极地与孩子商议家庭生活中的各种事情，才能培养孩子的家庭责任感，让孩子以小主人的身份参与家庭事务，让整个家庭生活维持良好运转。如果全家人不管遇到什么事情都能协商，齐心协力地解决问题，这不就是正面管教最伟大的成功和最丰厚的收获吗？

◇ 尊重孩子的意见 ◇

随着孩子不断成长，他们的自我意识得以发展，独立性越来越强，父母在做相关决定时，最好倾听一下孩子的意见。

真正内心强大、在孩子面前有威信的父母，会给予孩子更大的空间让孩子进行独立思考，也会给予孩子更大的权限让孩子自主地做出决定。

尊重孩子的朋友

升入初一之后，哲哲开始独立上学和放学。哲哲的独立解放了爸爸妈妈，他们再也不用轮流接送哲哲了。但是同时，妈妈也发现了一个问题，那就是原本在接送哲哲上学放学的路上她可以和哲哲沟通，现在哲哲独立上学放学了，自己下班回家就忙着做饭做家务，反而没有时间单独和哲哲谈心了。

一天下午，妈妈到学校附近的政府部门办事，办完事已经快到放学时间了，妈妈突然想：我已经到了学校附近，现在也快要放学了，何不借此机会去接哲哲呢？这么想着，妈妈没有回单位，而是去了学校。她在校门口等待着哲哲放学，也回想着此前每天接送哲哲的情景，还很怀念那些与哲哲亲密无间地走在林荫树下，说着学校里老师和同学们趣事的时光呢！正沉浸在回忆之中时，妈妈看到放学了，校门口陆陆续续有孩子走出来，妈妈于是赶紧瞪大眼睛盯着校门口，生怕错过了哲哲。

妈妈等了很久，哲哲都没有出来，她不由得着急了。就在她准备去学校里找哲哲的时候，哲哲和几个同学有说有笑地走出了校门。妈妈控制住自己呼唤哲哲的冲动，观察着哲哲。她发现和哲哲一起走出来的几个同学里，有个同学和哲哲很亲近，他和哲哲勾肩搭背，满脸笑容地说着话。妈妈仔细辨认，发现这个男生是班级里的捣蛋大王，叫林允。他不仅学习成绩很糟糕，而且经常逃学。哲哲怎么能和这样的孩子在一起玩呢？妈妈当即喊住哲哲："哲哲！"看到哲哲妈妈，那几个同学在和哲哲妈妈打招呼后，都先行离开了。

妈妈阴沉着脸质问哲哲："哲哲，你怎么和林允走得这么近？"哲哲不以为意，问妈妈："怎么啦？"妈妈说："近朱者赤，近墨者黑。和优秀的同学在一起玩，你也会变得优秀；和落后的同学在一起玩，你将来很有可能退步。"哲哲瞠目结舌地看着妈妈说："妈妈，这都什么年代了，你还这么想。我只是下课才和林允玩，上课又不和他玩。他虽然学习成绩不好，但是很讲义气，是我的好哥们儿。"妈妈说："义气？江湖里才讲义气呢，校园里不讲义气，只讲学习。我提醒你啊，一定要远离这些差生。"哲哲生气地看着妈妈，一言不发。后来，哲哲坚决拒绝妈妈再接他放学。而且，他和林允依然是好朋友，哪怕妈妈再三抗议，他也不愿意终止与林允的友谊。

现实生活中，很多父母虽然把尊重孩子当作口号挂在嘴边，但是他们并不能真正做到尊重孩子。也有些父母对尊重孩子理解得很片面、很狭隘，他们认为所谓尊重孩子，就是尊重孩子自身。实际上，要想真正做到尊重孩子，还要尊重孩子的朋友。很多青春期的孩子特别看重与同龄人的关系，曾经有心理学家提出，对于青春期的孩子而言，与同龄人的关系优于与父母的关系。因此，父母也要看重孩子与同龄人的关系，尤其是要做到尊重孩子的朋友，这样才能让孩子感受到父母对自己的尊重。如果父母对孩子的朋友不屑一顾，甚至禁止孩子与朋友交往，孩子就会觉得自己被父母轻视、蔑视，为此而深受伤害。

父母尊重孩子的朋友，除要表现出尊重之外，还要做到什么呢？那就是平等对待孩子和朋友。尤其是在孩子与朋友之间发生矛盾和冲突时，父母不要偏袒自家孩子，而是要把孩子们的矛盾交给孩子们自己去解决。如果孩子们有能力解决问题，那么他们就可以通过协商、制定规则等方式独立解决问题。如果孩子们没有能力解决问题，那么父母可以给予孩子一定的指导，让孩子把握正确的原则和方针，从而更好地处理问题。

父母要告诉孩子，人与人之间交往一定会出现各种问题，出现问题并不可怕，重要的是积极地去解决问题。每个人都是独立的生命个体，这就注定了人际交往必须经过磨合，才能建立融洽的关系。对于孩子而言，任何人都无法取代同龄人在他们成长过程中所起到的重要作用，只有在友谊的滋养下，孩子才能快乐成长。

父母在坚持对孩子进行正面管教的过程中，还可以给予孩子更多的帮助。例如，有些孩子不愿意凡事都告诉父母，为此父母经常会担心孩子，也想得知关于孩子的一些情况。在这种情况下，父母只要与孩子的朋友保持联系，就可以从侧面得知孩子的情况。此外，每个人都有优点和长处，也有缺点和不足。即使孩子所结交的朋友并不符合父母的标准，他们也会有值得孩子学习的优点，这就是三人行必有我师。作为父母，要引导孩子学习朋友的优点，也可以告诫孩子以朋友所犯的错误为戒，这样反而能够更好地教育和引导孩子。

孩子的成长是漫长的过程，在这个过程中，孩子离不开同龄人的陪伴，也离不开父母的保驾护航。父母既要尊重孩子，也要尊重孩子的朋友，更要学会借助帮助孩子发展友谊的机会，督促孩子快速地成长起来。

帮助孩子体验到归属感

乐乐在北京上了一年级，转到南京继续上二年级。因为两地教材不同，因此乐乐在上二年级之初并不顺利。原来，他在北京的学校里每次考试都能考取班级第一名，但是来到南京之后，他只考到班级20多名。一天傍晚，妈妈接乐乐放学，乐乐问妈妈："妈妈，我们为什么要搬来南京啊？"妈妈说："为了你和妹妹上学啊。"乐乐又问："那为什么不在我读一年级的时候就搬来呢？"看着乐乐落寞的样子，妈妈心疼地说："你在学习上是不是遇到了困难？"乐乐点点头："我只考了80多分。"妈妈安抚乐乐："没关系，你考了80多分是因为你对教材不熟悉。等过一段时间，你熟悉了教材，你的学习成绩就会提高的。"乐乐担心地问："真的吗？真的能提高吗？"妈妈毫不迟疑地点点头。

不久之后，班级里举行集体活动，妈妈鼓励乐乐积极参与。乐乐在班级里只认识少部分同学，他很想结交更多的新朋友。有的时候，班级集体活动需要家长出力，爸爸妈妈也会主动贡献力量。渐渐地，乐乐认识了班级里的所有同学，在学习上也突飞猛进，进步很大。看着乐乐一天比一天开心，妈妈悬着的心终于放了下来。二年级第一学期的期末考试，乐乐的成绩大幅度提高，在班级里得到的选票也很高，因而如愿以偿地得到了三好学生奖状。这可是件大好事啊，所以爸爸妈妈很隆重地和乐乐一起庆祝。

转学，对于孩子而言是一个难关，不是因为孩子不能适应转学后的生活，而是因为孩子在转学之后需要一段时间才能融入班级。就像乐乐，从北京转学到南京，因为教材不同，老师说话的口音不同，对同学全然陌生，因此成绩出现了波动。这使乐乐感到压力很大，又因为不能很快地体验到归属感，所以乐乐难免会感到被动和不自信。

对于所有人而言，归属感都是重要的心理需要。在孩子成长的过程中，不管是对于人际交往，还是对于学习成绩，是否拥有归属感都有很大的影响。有些孩子之所以心理扭曲，做出过激的举动，与他们没有寻找到归属感有着密切关系。

在教育孩子的过程中，很多父母受传统教育观念的影响，常常会以惩罚这种只能有短期教育效果的手段对待孩子，使孩子无法建立归属感。正因如此，在长期的教育中，惩罚的效果才会越来越弱，甚至完全消失。

从某种意义上来说，归属感是孩子心灵的纽带，也符合人作为群居动物的本能需求。每个人都不可能离群索居，过独属于自己的生活，即使是孩子也需要融入人群之中，去感受人群的熙熙攘攘和繁华热闹，也在与人相处的过程中发展自己各个方面的能力，让自己更快地成长起来。

为了帮助孩子体验归属感，父母除要给孩子提供更多的便利条件，给予孩子帮助之外，还要及时对孩子放手。孩子要想在集体生活中找到归属感，就要发展自己各个方面的能力，更好地融入集体生活。与此同时，他们还要渐渐地从父母的保护和庇护下脱离，让自己作为独立的生命个体真正地融入集体，成为集体的一员。

新生命从呱呱坠地起就在父母的精心照顾下成长，看起来这是非常幸运的。然而，随着孩子的不断成长，很多父母却依然把孩子当成弱小的生命对待，这样无形中就会对孩子起到束缚作用，反而限制了孩子的成长。

放手，是父母在教育孩子的过程中必须对孩子做到的事情。从孩子脱离母体那一刻开始，父母就已经开始对孩子放手。只有不再是父母的附属品，孩子才能实现自身的价值，也才能真正找到归属感。孩子一生之中要经历两次断乳，一次是在一两岁时戒掉母乳，一次是在十几岁时进入青春期，开始精神断乳。孩子每次断乳都离不开父母的支持和帮助，父母尽管不舍孩子，却要牢记养育孩子的初心——把孩子培养成独立自主、有能力获得幸福的成年人。在此过程中，孩子既实现了自身价值，又找准了自己在家庭生活和社会生活中的位置，这样他们才能真正体验到归属感，内心变得越来越强大。

遗憾的是，现实生活中，很多父母始终停留在孩子幼年阶段的做法，依然事无巨细、面面俱到地照顾孩子。正因如此，才有人说不是孩子离不开父母，而是父母离不开孩子。要想让孩子彻底走向独立，父母既要端正教育心态，摆正与孩子之间的关系，也要支持孩子脱离父母的照顾，最终走向真正的独立。直到孩子成为社会生活中合格的一员，父母才真正完成了教养孩子的责任和义务。与此同时，体验到归属感的孩子精神上会更强大，在成长过程中，哪怕遭遇坎坷挫折，他们也会以顽强的精神不懈努力，不到最后时刻绝不放弃。坚持正面管教的父母在教育孩子方面一定要有大格局，要规划长远目标，这样才能循序渐进地引导孩子不懈前行。

不要对孩子“落井下石”

周六，乐乐要去上课。天阴沉沉的，湿漉漉的天空仿佛能拧出水来，妈妈提醒乐乐：“天气预报说今天有中雨，记得带上雨伞。”乐乐不以为然：“没有下雨啊！”妈妈再次提醒乐乐：“现在没下雨，不代表一会儿不会下雨。”乐乐还是没有拿伞就出门了。

整个白天，天都还算不错，时而阴云密布，时而露出太阳。就在连妈妈也认为不会再下雨的时候，突然间下起雨来。妈妈忍不住担心乐乐：“乐乐没拿伞，回来肯定会被淋成落汤鸡。现在已经初秋了，淋了雨会感冒，感冒了可怎么办呢！”原本，妈妈想拿着伞去地铁站等乐乐，但是她转念一想：“乐乐总是不愿意拿伞，不如这次就让他接受教训吧！为了防止感冒，我可以给他提前煮好姜汤，让他喝了暖身体。”这么想着，妈妈煮了姜汤，等着乐乐回家。

果不其然，乐乐回到家里浑身都湿透了，冻得直打哆嗦。看到乐乐狼狈的样子，妈妈正想说“看看吧，让你带伞，你偏不带”时，想起了正面管教的沟通原则，转而对乐乐说：“快点儿去洗个热水澡，把湿衣服都换下来。我这就去给你热一热姜汤，洗完澡喝了驱寒气。”原本乐乐很担心回到家里会被妈妈嘲笑或者抱怨，听到妈妈的话，乐乐感到如释重负，脸上尴尬的神色消失了，取而代之的是感动。后来，每当出门，乐乐都会主动带伞，晴天遮挡阳光，雨雪天气遮挡雨雪，妈妈再也不用为带伞这件事唠叨乐乐啦。

孩子的自尊心是很强的。上述事例中，对于乐乐而言，最尴尬的也许不是淋雨，而是被妈妈嘲笑或者挖苦、讽刺。幸好妈妈在学习了正面管教法之后，掌握了与孩子沟通的正确方法和有效技巧，因而话锋一转，没有说那些让乐乐心里不舒服的话，而是说了让乐乐感到温暖的话，有效地拉近了与孩子的关系。

孩子长大了，不会再像小时候那样对父母言听计从。作为父母，与其一味地强求孩子，倒不如给孩子自由选择的空间，让孩子亲自去感受某种行为引发的后果。妈妈之所以两次提醒乐乐带伞之后就不再提醒乐乐，是因为她相信乐乐长大了，有权利做出自己的选择。而事实也证明未雨绸缪总是没错的。

如果以传统的教育观点来看，孩子在妈妈的提醒下还不带伞，即使被淋成了落汤鸡，也是活该，父母似乎是有理由嘲笑孩子一番的。但是从正面管教的观点来看，孩子即使因为自己的原因导致尴尬或者难堪，父母也切勿对孩子“落井下石”。雪中送炭比落井下石好多了，在孩子尴尬或者难堪的时候，父母一定要做到雪中送炭，这样做才有助于营造温馨和谐的家庭氛围。

孩子的自尊心很强。随着年龄增长，他们更渴望得到父母的尊重和理解。然而，孩子毕竟是孩子，他们的人生经验有限，对很多事情没有准确的认知，这决定了孩子往往不能理性地思考，也不能每次都做出明智的决定。最让父母抓狂的是，很多孩子自己不懂道理，却不愿意听父母讲道理。这使孩子不得不承受自主决定产生的后果。作为真爱孩子的父母，不管什么时候都要坚定不移地支持和帮助孩子，给孩子以强大的助力。

不对孩子“落井下石”，具体来说，父母要做到以下几点。

首先，在孩子需要帮助的时候，给孩子提供帮助。孩子还小，学识、能力和人生经验都有限，因此父母要给孩子提供助力。孩子得到父母的帮助，能够做更多的事情，获得成就感，这对于他们的成长而言是大有裨益的。

其次，在孩子因为决策失误而承担后果的时候，如果孩子不需要帮助，就要避免强调孩子的失误。如果孩子需要帮助，就要及时对孩子伸出援手，与孩子共渡难关。在此过程中，切勿把孩子的失误挂在嘴边，也不要总是唠叨孩子，那样会伤害孩子的自尊心。

再次，如果孩子拒绝听父母的话而导致自己陷入困境，父母不要嘲笑、挖苦或者讽刺孩子。父母可以回想一下自己年少的时候，是否也常常不愿意听父母的话，而只想亲身实践、亲自验证结果呢？所以父母要理解和体谅孩子，而不要当着孩子的面哪壶不开提哪壶。

最后，即使孩子是明知山有虎，偏向虎山行，父母也要给孩子尝试的自由，并且要做孩子坚强的后盾。孩子正是在犯错的过程中成长起来的。一个孩子如果从来不犯错，他就不会成长。犯错正是孩子成长的重要方式。在孩子犯错的时候，如果父母能对孩子加以引导，孩子就会成长和进步得更快。

从不对孩子“落井下石”，是父母的智慧；拥有从不“落井下石”的父母，是孩子的幸运。从现在开始，我们既要坚持正面管教的理念，又要坚持不对孩子“落井下石”的原则，这样才能成为合格且优秀的父母。

不要逼着孩子“撒谎”

国庆假期到来了，全家人都很高兴。乐乐希望爸爸妈妈能带着他出门去旅行，但是爸爸妈妈却只想待在家里，一是因为他们平日里工作很辛苦，很想休息，二是因为他们想让乐乐趁着国庆假期补课、练字。所以当乐乐兴致勃勃地问爸爸“爸爸，我们假期有什么安排吗？”时，爸爸只是支支吾吾地搪塞过去：“还没有想好呢！你想做什么？”听到爸爸把皮球踢给自己，乐乐想到自己每次提议出去玩都被爸爸妈妈以各种理由拒绝，他话到嘴边又咽了下去，说：“我不想做什么，只是想去一次银杏湖。”听到乐乐的回答，爸爸如释重负：“幸亏不是去上海迪士尼。”

这个时候，妈妈问乐乐：“乐乐，你们班级里其他同学都如何度过国庆假期呢？你知道吗？”乐乐说：“杜雨欣好像要去韩国玩。”妈妈当即说：“杜雨欣学习不好吧！我知道你们班级里的几个尖子生假期的课程都安排得很紧张，比如张晓君要上7天课，只有中秋节那天不上课；王梦瑶要参加5天的秋令营，以学习和运动为主；都小乐要参加书法集训，准备参加书法大赛。”

听到妈妈的话，乐乐的眼神黯淡下来。妈妈问："你想报名参加什么班呢？"乐乐很想说"我什么班都不想参加"，但是一想到这会引起妈妈无休止的抱怨和唠叨，他只得说："我参加英语班和数学班吧，抽空再去练练字。"就这样，全家人以非正式会议的方式"愉快"地决定了国庆的过法。妈妈听到乐乐的回答，心满意足地说："你去上课，我和爸爸在家里追剧，给你搞好后勤工作，做一大桌子美食，幸福吧？"乐乐面无表情地点点头。

在这个事例中，仅从表面来看，爸爸妈妈和乐乐进行了沟通，而实际上，这样的沟通毫无效果，因为乐乐连一句真话都没有说。其实，并非乐乐不想说真话，而是乐乐没法说真话。爸爸妈妈并不是真心真意地询问乐乐的真实想法，只是想引导乐乐给出他们想要的回答。乐乐已经是小学高年级学生了，他察言观色的本领比小时候强很多，所以他总能给出让爸爸妈妈满意的回答，而默默地委屈了自己。

很多父母对孩子撒谎深恶痛绝，却没想到教会孩子撒谎的正是他们自己。在这个世界上，很多问题的答案不是非此即彼的。在与孩子沟通的时候，父母要想打开孩子的心扉，要想与孩子之间能够坦诚相待，就要对孩子真诚友善。很小的孩子就能感受到父母的态度，更何况是更大的孩子呢？如果父母每次都因为对孩子的回答不满意而批评或者训斥孩子，那么渐渐地孩子就会取悦父母，就会给出父母想要的回答。说得好听一点儿，这是取悦；说得难听一点儿，这是撒谎。我们不妨设想一下：如果孩子连对父母都不能做到表白真心，那么他们面对周围的人和事又会采取怎样的态度呢？

面对虚伪、怯懦的孩子，很多父母很懊恼，觉得自己教育孩子太失败了。但是他们却从未反省过自己的教育方式，更没有意识到孩子的一切行为都与家庭教育密切相关。太多的父母一方面要求孩子诚实、勇敢捍卫自己的权利；另一方面又要求孩子有高情商，能够见风使舵，哄得父母开心，也能够在必要的时候放弃自己的权益，只为了让父母满意。在此过程中，孩子的内心被撕裂，他们活得很痛苦。

尚未成年的孩子力量很弱，面对比自己强大的父母，面对自己赖以生存的父母，他们除了妥协，似乎并没有更好的方式解决分歧。尤其是有些父母特别看重形式，追求表面风光，也会让孩子养成察言观色的习惯。不管开展什么形式的家庭教育，都要以顺畅的沟通作为基础，因此父母要与孩子建立良好的沟通渠道，随时了解孩子的真实想法，给予孩子友好的对待方式，赢得孩子的尊重和信任，这样才能与孩子建立朋友般的友好关系，也才能培养出诚实的孩子。具体而言，父母要认识到以下两点，才能做得更好。

第一，知道孩子撒谎都是被逼的。俗话说，解铃还须系铃人。如果父母不知道孩子撒谎的根本原因，那么当孩子撒谎的时候，父母就会批评孩子，训斥孩子，可这对于解决问题并无帮助。一则，父母要对孩子言必行，行必果，为孩子树立诚实的好榜样；二则，父母不要以各种条件对孩子威逼利诱，否则孩子就会想要以歪门邪道的方式达到目的；三则，父母要真诚地询问孩子，而不要给孩子过强的干扰，也不要给孩子暗示，这样才能了解孩子的真实想法。

第二，诚实标志着孩子心理健康。不管因为什么，一个人如果经常撒谎，就会出现心理扭曲。还有些人因为长期撒谎，甚至连自己都分不清楚谎言和现实了，这会导致极不健康的心理。

大名鼎鼎的心理学家罗思杰认为，心理健康的人必须满足两点：一是不欺人，二是不自欺。由此可见，我们不但要对他人真诚，更要对自己真诚。对自己不真诚的人，没有勇气直面真相，他们仿佛生活在一团迷雾之中，不知不觉间就迷失了自我。对自己不真诚的人总是逃避现实，回避问题，他们最擅长做的就是逃跑，因而注定一事无成。从这个意义上来说，父母更是要培养孩子诚实的品质，让孩子身心健康发展，成为真正的人生强者。

是谁造就了“小滑头”

晨晨特别喜欢吃零食。从小，她就零食不离口，每天都吃个不停。渐渐地，晨晨的体重从偏瘦到正常，从正常到偏重，又从偏重到超重，小小年纪的她在体检时竟然被诊断患上了中度脂肪肝。为了控制晨晨吃零食，妈妈制定了规则，规定晨晨在临近饭前饭后都不允许吃零食，只在两餐之间才能吃水果和牛奶。

这天傍晚，马上就要吃晚饭了，晨晨却饿得哇哇直叫，强烈要求吃零食。妈妈拒绝道：“不行，我们说好的，饭前不能吃零食。你吃了零食再吃饭，摄入的热量就会严重超标。”听到妈妈斩钉截铁的回答，晨晨赶紧去央求爸爸，不想，爸爸和妈妈一样坚决禁止晨晨吃零食。晨晨无奈，只好忍饥挨饿地继续写作业，直到妈妈做好了饭菜，她才狼吞虎咽地吃了个饱。如此坚持了几天，晨晨从每次不到吃饭时间就喊饿，渐渐地不再想吃零食了。

到了年底，有一天爸爸参加公司年会，领取了很大一笔奖金。路过超市的时候，爸爸为晨晨买了很多零食，有薯片、饼干、巧克力等高热量食物。回到家，妈妈看到爸爸买了这么多不健康的零食，当即抱怨爸爸：“你怎么买这么多零食？你忘记咱们跟晨晨的约定了吗？”爸爸还没来得及回答妈妈的问题时，晨晨回家了。看到那么多巧克力，晨晨当即就想吃。妈妈坚决地拒绝了晨晨：“马上就要吃晚饭了，现在不能吃，晚上睡觉前也不能吃。明天你可以带一块巧克力去学校，在上午大课间的时候吃，大课间恰好在两顿饭之间。”晨晨看着巧克力直咽口水，生气地噘着嘴巴去写作业了。

在这个事例中，幸好妈妈的原则性很强。虽然爸爸用奖金买了一些零食回家，但是妈妈要求晨晨只能在约定的时间吃零食。其实，如果爸爸能够考虑得更周全些，最好不要买零食回家诱惑晨晨，或者即使买了零食，也应该提前放在隐蔽的地方，不要被晨晨看到。孩子的自控力原本就比较差，在面对自己喜欢吃的零食时，他们更是会忍不住垂涎三尺。所以，父母一定要时刻牢记自己为孩子订立的规矩，切勿做引诱孩子犯规的事情，也不要在执行规矩的时候有太多的例外情况，更不要经常做出破例的行为。

很多父母都特别情绪化，他们在情绪好的时候对待孩子是一个标准，在情绪糟糕的时候对待孩子又是另外一个标准，这样的双重标准或者多重标准，往往会让孩子感到不知所措，更不知道应该以哪个标准为准。例如，有的父母会在自己闲暇的时候禁止孩子看电视，亲自陪着孩子看书；而在自己忙着用手机追剧的时候，对孩子看电视没有限度的行为视若无睹。这样的标准不一，不但会削弱父母的权威，还会让孩子变成“小滑头”，使孩子喜欢钻父母的空子。

标准不一会削弱父母的权威。规矩不仅要前后一致，而且要对全家人适用。有些父母制定了规矩之后又不停地改变，这就会使孩子认为父母制定规矩只是权宜之计，并不会坚持执行，所以对父母制定的规矩不以为意；有些父母制定规矩只针对孩子，自己却并不遵守规矩，这样只许州官放火，不许百姓点灯的行为，会让孩子感到愤愤不平，也就不愿意主动遵守规矩。

标准不一会让孩子变成“小滑头”。人的本能就是趋利避害，成人和孩子均是如此。孩子在小的时候要依靠父母照顾才能生存、成长，因而对父母言听计从，亲子之间的矛盾很少。随着孩子渐渐成长，孩子的自我意识不断发展，他们变得越来越有主见，不但想独立地面对生活，而且想摆脱父母的束缚和控制。在这种情况下，如果父母对孩子提出的标准不统一，不仅会使孩子见风使舵，以不同的方式对待父母不同的标准，还会趁着父母忙碌的时候见缝插针地向父母提出不情之请，试图得到父母的宽容对待。长此以往，如果孩子经常得逞，他们就会自鸣得意，认为自己比父母更加聪明和高明，变得越来越自作聪明。

作为父母，当孩子出现“耍滑头”的行为时，一定要及时从根源上杜绝这种情况的发生，即规定统一的标准，帮助孩子确立行为边界。否则孩子在成长过程中会怀有极大的侥幸心理，有朝一日长大之后，他们就有可能会养成钻空子的习惯，比如会钻政策的空子，甚至去钻法律的空子。父母切勿小看孩子“耍滑头”的表现。所谓十年树木，百年树人，要想让孩子成长为栋梁之材，父母就要从小培养孩子的优秀品质，为孩子的人生夯实基础。

人前不教子，孩子也很爱面子

一天中午，徐宁的妈妈刚刚吃完工作餐，正准备休息，就接到了老师的电话。在电话里，老师怒气冲冲地说："徐宁妈妈，有个情况需要您来学校处理一下。"妈妈正想问徐宁到底犯了什么错误，老师以一句"我等着您"作为结束语，已经挂断了电话。妈妈只好向领导请假，第一时间赶到学校。

徐宁妈妈赶到学校时，看到徐宁正在老师的办公室里"面壁思过"呢，看得出来，他满脸倔强。妈妈没有急于批评徐宁，在向老师问好之后，她严厉地对徐宁说："你怎么又闯祸啦，看我回家怎么收拾你！"说完，妈妈转向老师询问情况。听了老师的讲述，妈妈终于知道了事情的原委。原来，徐宁不知道什么时候从商店里批发了一些小玩意儿带到学校，利用中午午休的时间在班级里卖。为了吸引人气，他还从家里带了一些课外书，免费借给消费的同学阅读。老师气鼓鼓地说："徐宁已经上六年级了，正在小升初冲刺阶段。他说是您同意他在学校里卖东西的？"妈妈一时间不知如何回答，陷入了沉思，片刻之后才说："有一次他说放学要帮同学去超市代买个文具，我就同意了，估计他误解了我的意思。”说着，妈妈还看了徐宁一眼，徐宁羞愧地低下了头。妈妈向老师保证一定会严肃批评徐宁，老师渐渐地消气了。

傍晚放学之后，徐宁提心吊胆地回到家，他很清楚自己让妈妈背锅了，他也没想到老师会当即把妈妈叫到学校去对质。徐宁主动向妈妈承认错误：“妈妈，我不应该说是您同意的，害得您也被老师批评了。今天，您在老师面前给我留了面子，谢谢妈妈。”妈妈摸着徐宁的脑袋温柔地说：“你居然想到在班级里做生意，说明你财商很高，很有生意头脑。不过，至少要到大学，学校才允许你们半工半读，所以你以后一定要专心学习。如果你真的想做小生意，可以利用周末时间去搞地摊经济，妈妈是支持你的。”徐宁的眼圈红了，从此以后，他再也没有在学校里卖过东西。

六年级的孩子已经进入青春期，他们敏感而又自卑，感情非常细腻。教育这个年龄段的孩子，父母需要掌握的首要原则，就是要保护孩子的自尊心，不要伤害孩子的脸面。在上述事例中，妈妈到了学校之后，即使知道老师很生气，也没有不分青红皂白就批评徐宁。在听到老师的质问，得知徐宁让她背锅之后，她在老师面前给足了徐宁面子，还承担了很大一部分责任。正是因为有妈妈的保护，徐宁才能在与老师的这次危机中化险为夷。

在学校里，如果孩子在学习方面表现不好，或者调皮捣蛋，很多老师就会“请”家长一起教育孩子。有的时候，老师因为生气，打电话给家长的时候往往会很不客气。一旦发生这样的情况，作为家长，一定要控制好自己的情绪。要知道，顽皮淘气是孩子的天性，而每一位老师都希望孩子听话懂事。所以即使听到老师“告”孩子的状，也不要因为怒火中烧，就冲到学校当着老师的面教训孩子。一旦伤害了孩子的自尊心，就会使孩子更加叛逆，也会使孩子故意与父母对着干，这样一来，家庭教育就无法顺利开展。明智的父母时刻牢记尊重孩子的原则，任何情况下都不会践踏孩子的尊严。

现代社会，不仅青春期的孩子很爱面子，很多年纪还比较小的孩子，例如小学中低年级的孩子也已经很看重面子了。所以不管面对哪个年龄段的孩子，父母都不要当着外人的面，也不要在公开场合教训孩子。如果必须当即批评教育孩子时，那么可以把孩子带到僻静的地方，对孩子提出警告，相信孩子在意识到父母的良苦用心后，一定会有所收敛。

不管是老师还是父母，教育孩子都是为了孩子好，都是希望孩子能够取得进步，但是一定要把孩子看成独立的生命个体。如今，越来越多的老师都意识到了要关注孩子的心理健康和情绪状态，作为父母，更是要避免打着爱孩子的旗号伤害孩子。孩子尽管因父母而来到这个世界上，但是他们既不是父母的附属品，也不是父母的私有物。新生命从呱呱坠地就是一个独立的生命个体，父母尽管辛苦养育了孩子，但不能因此认为自己对孩子享有至高无上的权力。父母只有发自内心地尊重孩子，才能赢得孩子的尊重；父母只有事无巨细地平等对待孩子，才能为孩子营造民主和谐的家庭环境和成长氛围。

古人讲可以“人前教子”，但随着时代的发展和教育理念的进步，我们应该改变这一说法，坚信一点——人前不教子，孩子也很爱面子。这是坚持对孩子进行正面管教的核心，更是家庭教育的重中之重。很多父母面对叛逆期的孩子，往往觉得不知道如何读懂孩子的内心，也不知道如何与孩子建立良好的亲子关系，增进亲子感情，这种情况下更要坚持正面管教，以和善坚定的教育态度，给予孩子正向的引导，给予孩子积极的助力。只有父母坚持正面管教，孩子才能身心健康地成长。

营造民主平等的家庭氛围

6岁的娜娜刚上一年级，因为在班级里和同学发生冲突，与同学打了起来，于是老师打电话向娜娜爸爸反馈了情况。得知娜娜居然和好几个男生打了起来，爸爸火冒三丈，当即训斥娜娜："你一个女孩子，不仅不文静，居然还和好几个男孩子打架，哪有你这样的女孩儿？"娜娜听到爸爸批评自己，吓得哭了起来。这个时候，妈妈正在厨房做饭，看到爸爸并没有问清楚原因便把娜娜训哭了，于是赶紧把娜娜叫到身边，一边安抚哭泣的娜娜，一边柔声细语地问娜娜："娜娜，今天发生了什么事情？你为什么和同学打架呢？"娜娜告诉妈妈："今天，那几个男生想加入我带领的女生队伍，和我们一起玩'鬼抓人'的游戏，但是我们不想跟他们玩，所以就拒绝了他们。他们很讨厌，一直缠着我，还总是捣乱，害得我都没法和其他女生玩儿了。我一着急，就推了他们，他们就开始打我，我就也打了他们。"听完娜娜讲的事情的前因后果，妈妈摸着娜娜的脑袋说："这么说来，这件事情不是你的错。那几个男生被你拒绝之后，就不应该再缠着你不放了。你和其他同学玩儿的时候，也要征求其他同学的同意，否则就会招人讨厌，对不对？”这个时候，娜娜委屈地问妈妈：“妈妈，爸爸怎么不问我为什么跟同学打架呢？如果他问我，我就可以向他解释了。”妈妈说：“爸爸太关心你了，所以很着急，妈妈会告诉他下次一定要问清楚事情的经过。”在妈妈的安抚下，娜娜的情绪才慢慢好转。

从儿童心理学的角度来说，孩子的一切行为背后都隐藏着心理动机和心理需求。显然，娜娜和同学打架是有充分理由的。遗憾的是，性情粗暴的爸爸并没有给娜娜解释的机会。在很多传统的家庭教育模式中，父母总是扮演高高在上的角色，自认为是家庭生活中至高无上的君主，而把孩子视为应该对自己俯首帖耳的臣民。在这样的家庭教育中，父母作为家庭主体的作用就是制约、管束孩子，对孩子进行教条主义的教育。长期在这样的家庭环境中成长，孩子们会非常压抑，身心发展也会受到不良影响。父母因为习惯于以传统的教育模式对待孩子，因此他们只注重教育的效果，而很少对孩子进行情感的关怀。正因如此，现代社会中孩子的成长才会走向两个极端，他们或者是家庭生活中的“小皇帝”“小公主”，或者是家庭生活中的“小奴才”。

很多父母羡慕别人家的孩子独立自主、自尊自爱，而且胸怀开阔。要想教育出这样理想的孩子，父母不要只顾着对孩子提出要求，而要首先为孩子营造平等开放、民主和谐的家庭环境，为孩子的成长提供全面均衡的养料。

具体来说，如何为孩子营造平等开放、民主和谐的家庭氛围呢？

首先，父母要发自内心地尊重和平等对待孩子。父母尽管耐心细致地照顾着孩子，抚育孩子成长，却不能因此剥夺孩子为自己的人生做主的权利。在孩子小时候，父母可以给予孩子指引和帮助，等到孩子长大了，随着孩子各方面能力的不断增强，父母就要循序渐进地对孩子放手，给孩子更大的自由空间去成长。

其次，父母要营造畅所欲言的家庭氛围。前文说过，所有形式的家庭教育都要以顺畅的亲子沟通为基础。如果亲子沟通出现障碍，家庭教育就会失去开展的基础。如果父母没有渠道了解孩子的内心，孩子也不愿意向父母打开心扉、吐露心声，那么父母如何能够做到在了解孩子的基础上有的放矢地对孩子开展教育呢？在很多家庭中，不管孩子说什么，父母都会当即否定，以高高在上的姿态对孩子指手画脚。这无形中剥夺了孩子的话语权，使孩子在成长过程中变得畏缩胆怯，不敢表达自己的心声。如果孩子在家庭生活中尚且如此，那么可想而知他们在学校生活、社会生活中会是何种状况。

要想激发孩子参与家庭事务的兴致，让孩子畅所欲言，父母就要多激励孩子、鼓励孩子。如果孩子提出的意见是合理的，那么父母要积极地采纳，这样能够提升孩子的信心，让孩子更愿意表达自己，更愿意与父母沟通。

再次，优先考虑孩子的心情。孩子的情绪是复杂多变的，尤其是对于青春期的孩子而言，他们往往更加敏感。在亲子相处中，父母要更多地考虑孩子的心情。尤其是在做一些和孩子密切相关的决定时，更是要与孩子充分沟通，让孩子理解父母的苦衷，接纳父母的决定。

最后，让家庭生活充满欢声笑语。父母的性格都很开朗，那么家庭氛围就会轻松愉悦，孩子也会感到满心欢喜。如果父母的性格比较内向，很容易陷入悲观沮丧的情绪中无法自拔，那么无形中就会影响孩子的心情。

此外，有些父母因为工作不顺利，会把负面情绪带回家中，导致孩子受到影响。因而父母要注意区分清楚工作和生活的关系，要全心全意地为孩子营造美满幸福、充满欢声笑语的家庭氛围。

父母都是世界上最爱孩子的人，要把对孩子的爱落到实处，给予孩子全面周到的关心，也给予孩子尊重、理解和信任，这样才能让孩子的心中充满阳光，让孩子感受到家庭生活的温暖。每一个沐浴着父母之爱长大的孩子都是幸福的，他们将会拥有值得期待和憧憬的未来。

◇ 让孩子拥有安全感和归属感 ◇

在孩子3岁之前，妈妈最好不要与孩子分离超过两个星期，否则就会对孩子的心理发育造成负面影响。

父母要看重孩子与同龄人的关系，尤其是要做到尊重孩子的朋友，这样才能让孩子感受到父母对自己的尊重。

在孩子因为决策失误而承担后果的时候，切勿把孩子的失误挂在嘴边，也不要总是唠叨孩子，那样会伤害孩子的自尊心。

高情商家教思维

1. 为孩子创造良好的家庭环境，主要是指（　　）。（单项选择题）

A. 把房间装修得豪华、漂亮

B. 舍得为孩子投资，满足孩子多方面的要求

C. 营造安全、民主、轻松的家庭氛围

2. 在你即将做出与孩子有关的决定时，你会（　　）。（单项选择题）

A. 征求孩子的意见

B. 独自做决定

C. 先做决定，孩子有不同意见后再商量

3. 家长打骂孩子，变相体罚，私拆孩子的信件，偷看日记等，都属于（　　）的行为，应保护孩子的合法权益。（单项选择题）

A. 不尊重孩子

B. 侵权

C. 关心孩子

4. 父母应该怎样走进孩子的心灵？（　　）（多项选择题）

A. 家长要学会聆听。了解孩子要从听开始，而且必须安静地听，不批评地听

B. 家长要理解孩子。孩子也有内心的想法，家长要善于发现并深入了解他们的处境，要设身处地地为他们想，理解他们，帮助他们

C. 家长要与孩子合作交流、合作运动、合作做家务，合作文娱活动等

不吼不叫，与孩子建立顺畅的沟通渠道

一切形式的亲子教育，都要以顺畅的沟通为基础。要想坚持正面管教，父母必须做到不吼不叫，与孩子建立顺畅的沟通渠道，这样才能让亲子教育有坚实的基础并顺利开展。

倾听，是良好沟通的第一步

午后，帅帅妈妈吃了饭正在午休，手机响了起来。看到手机屏幕上显示老师的名字，妈妈心中一惊，还没接电话就开始担心了。果不其然，老师说："帅帅妈妈，我发现帅帅最近又和张萌走得很近。听说在十一假期，他们几个孩子还约着一起出去玩儿了，其中就有张萌……"初一刚开学不久，帅帅就因为和张萌早恋被老师发现通知了家长，妈妈狠狠批评了帅帅一顿。这一次，听说帅帅又和张萌走得很近，妈妈当即火冒三丈，对老师说："放心吧，老师，我一定严厉批评教育，我看这个孩子是该打了！"听到帅帅妈妈情绪激动，老师赶紧安抚："帅帅妈妈，我通过了解，认为应该没有大问题，就是我觉得应该告诉您，让您知道。我建议您可以和孩子聊聊，知道孩子的真实想法。我觉得孩子还是挺怕您的，您看看孩子爸爸如果有时间，也可以让他和孩子聊聊。"在老师的一番安抚下，妈妈渐渐意识到对于已经读初二的帅帅而言，一味地打骂显然不能奏效了。那么，妈妈到底该怎么做呢？

傍晚，帅帅放学回家，看起来神色紧张。妈妈装作什么都没有发生，和往常一样给帅帅准备晚餐。直到帅帅吃完晚餐，妈妈才问帅帅："国庆假期你出去玩儿，是和同学一起吗？"帅帅点点头，妈妈又问："那你有什么想对我说的吗？"帅帅直截了当地回答："没有。"妈妈继续追问："今天，班主任和你谈话了吧！"帅帅点点头。看到帅帅很排斥沟通，妈妈索性挑明了说："帅帅，我并没有生气，我是很积极地想和你好好沟通。我希望你也能够与我坦诚相见，因为我不想用其他方式知道真相。既然你不知道该说什么，那就把那天的日程说给妈妈听听吧！"帅帅以时间为顺序，向妈妈讲述了十一当天的日程。看到妈妈的确是心平气和，帅帅才渐渐放松下来，再加上妈妈一直耐心引导，他也就愿意和妈妈说真心话了。

在这个事例中，妈妈要做到的显然是倾听。也许是因为帅帅已经习惯了妈妈总是批评和训斥他，所以对于妈妈倾听的欲望，帅帅并不愿意满足。后来，妈妈发现引导没有效果，只好挑明了和帅帅说，要求与帅帅积极沟通。再加上妈妈的耐心引导，帅帅这才愿意和妈妈说真心话了。细心的父母会发现，很多青春期的孩子不再像小时候那样愿意与父母沟通，这是因为他们渐渐长大了，有了自己的小心事，也是因为父母不恰当的沟通方式，使他们关闭了心扉，不愿意和父母交流。

沟通是亲子教育的基础，唯有保持顺畅的沟通，亲子教育才能顺利开展。很多父母误以为沟通就是要主动表达，实际上，真正的沟通是从倾听开始的。亲子沟通更是如此。作为父母，不要总是对孩子讲那些大而空的道理，而是要给孩子一双耳朵，用心倾听孩子的表达。现实生活中，很多父母因为忙于工作，只能为孩子提供物质条件和经济支持；有些父母尽管有闲暇，却总是盯着手机，而不愿意花费时间倾听孩子的心声，更没有耐心与孩子沟通。

父母对孩子承担着教育的责任，试问，如果父母连花时间倾听孩子的心声都不愿意或做不到，又如何能承担起教育孩子的重任呢？在太多的家庭里，亲子之间的沟通都是单向的，父母只顾喋喋不休地唠叨孩子，而孩子呢，只能被动地听着父母灌输的大道理。孩子小时候很愿意向父母倾诉，父母没有耐心倾听；等到父母终于意识到倾听的重要性时，孩子却不愿意向父母倾诉了。正是在这样的状况下，代沟才会产生。

具体来说，倾听孩子有以下几点需要注意。

首先，在倾听的过程中，父母不需要给予孩子太多回应，而只要保持倾听的姿态，适时地给孩子以回应，例如点点头、微笑地看着孩子，或者以“嗯嗯”等简单的语气词让孩子知道父母正在专注地倾听，这样便能激发孩子的谈兴，让孩子更愿意与父母沟通。

其次，在倾听的过程，不管孩子说得是对还是错，父母都不要否定孩子，也不要急于纠正孩子，否则就会打断孩子的思路，使孩子失去谈兴。

最后，学会换位思考，理解孩子的心情，对孩子感同身受，与孩子产生共情。很多时候，孩子之所以向父母倾诉，未必是为了得到父母的帮助，也并不需要父母给出切实可行的建议，而只是想要得到父母的理解。父母不要总是站在成人的角度评价孩子的所作所为，而是要学会换位思考，这样才能真正理解孩子的心情和感受，也才能与孩子进行更深入的沟通。

如何说，孩子才会听

梦梦9岁，读小学三年级，正处于叛逆期。在小学阶段，三年级是一个转折点，学习的难度增大，课业繁重，所以妈妈在梦梦升入三年级之初如临大敌，生怕梦梦在学习上退步。这天放学后，梦梦和以往一样边吃水果、点心，边看电视。妈妈恰巧感冒在家休息，看到梦梦悠然自得的样子，不由得着急起来。她催促梦梦："梦梦，把电视关掉，赶紧去写作业。"梦梦盯着电视屏幕，头也不回地说："我还没吃完水果和点心呢！"有电视陪伴，梦梦慢悠悠地吃着水果和点心，还不时地发出开心的笑声。

足足过去半个小时，梦梦还是没有吃完水果和点心，妈妈忍不住问奶奶："梦梦每天放学回家都这样吗？"奶奶点点头说："孩子饿了，回来先吃点儿东西垫垫肚子，一会儿就开始写作业了。"妈妈烦躁地说："这怎么行呢？回家第一件事，必须先写作业。"说着，妈妈走过去关掉了电视，梦梦生气地回到房间，重重地关上了门。

很多家庭也会发生这样的情况，即父母总是不停地催促孩子，但是孩子却对父母的催促充耳不闻，慢吞吞地该干什么就干什么，一点儿都不着急。有些父母因为着急，就会急不可耐地采取措施，因此与孩子发生冲突，使得家庭生活很不愉快。为此，经常有父母抱怨孩子有拖延症，也经常有孩子抱怨父母简单粗暴，不懂得尊重自己。父母与孩子各说各的道理，那么到底如何处理这样的问题，才能让亲子关系融洽，让家庭生活在和谐愉快的氛围中顺利地进行下去呢？归其根本，父母要让孩子“听话”。

看到这里，相信很多父母会抱怨：我要是知道如何让孩子听话，这些问题就不复存在了呀！的确如此，让孩子“听话”，是亲子教育的重点和难点，只要解决了这个问题，亲子教育就可以顺利开展，也能取得良好的效果。那么，如何才能让孩子“听话”呢？父母要做到以下几点。

首先，订立规矩，全家人共同遵守。在上述事例中，梦梦回家之后并没有立即开始写作业，而是借着吃水果和点心的机会看电视。因为被电视节目吸引，原本她只需要用 10 分钟就能吃完水果和点心，结果半个小时都没有吃完。如果父母能够为孩子订立规矩，规定孩子放学回家之后第一时间就要写作业，等到完成作业才能做其他事情，那么就不会有这样的情况发生。

在订立规矩的时候，父母要注意，规矩必须适用于全家人，父母要带头遵守规矩。

其次，要信任孩子，给予孩子更大的自主空间。明智的父母在为孩子订立规矩时，会给孩子“留白”，即给孩子一定的自主空间，让孩子管理好自己，做到主动遵守规矩。在必要的时候，父母要明确表达对孩子的信任，这会让孩子更加积极主动。

再次，限定孩子针对指令做出反应的时间。有些父母发现，孩子的耳朵具有自动识别功能。对于想听到的话，他们会积极地做出回应；对于不想听到的话，他们会“装聋作哑”，不愿意积极地回应父母。针对孩子这样的表现，父母可以限定孩子针对指令做出反应的时间，让孩子知道父母对他们是“过时不候”的。

有些父母因为忙着工作，或者忙着做家务，在对孩子发出指令后，就自顾自地忙去了，完全把孩子的事抛到脑后。他们明明规定孩子在 5 分钟内关电视，自己却忙了半个小时才回来，发现孩子依然在看电视。于是父母勃然大怒，与孩子发生冲突，而孩子呢，则会认为父母说的话并不当真，还可以拖延一会儿再去做父母交代的事情。很多孩子的拖延症正是在这样反复的过程中形成的。要想帮助孩子戒掉拖延的坏习惯，父母必须让孩子认识到一点，即父母的指令必须当即执行，父母交代的事情是躲不过去的。当孩子深刻意识到父母说一不二时，他们就会及时对父母的指令做出反应，从而主动改变拖延的坏习惯。

最后，把话说到孩子心里去。随着不断成长，孩子的自我意识得以发展，他们认识到自己是独立的生命个体，因而越来越不愿意继续听从父母的指令，亲子矛盾由此而生。作为父母，要与时俱进地陪伴孩子成长，当发现孩子越来越独立、越来越叛逆时，父母要讲究与孩子沟通的艺术和技巧。同样一句话，以命令的方式说出来还是以商议的口吻说出来，给孩子的感觉是截然不同的；同样是对孩子的期待，是强行命令孩子努力进取，还是赞许孩子一直非常勤奋，效果也是天壤之别。因而父母一定要掌握语言的艺术，做到把话说到孩子的心里去，让孩子心甘情愿地听父母的话，积极地采纳父母合理的建议。

和孩子一起掌控情绪

周末，全家人都休息。趁着天气晴好，爸爸提议去郊游，妈妈当即表示赞同，佳琪更是高兴得一蹦三尺高。很快，妈妈就对全家人进行了分工：爸爸负责准备烧烤的工具，妈妈负责准备烧烤的食材，佳琪负责准备餐具、水果和点心、饮品等。他们全都憧憬着即将开始的郊游，更想在秋日晴朗的阳光下吃香喷喷的烧烤。为此，他们收拾得飞快。看到佳琪把很多东西一起放入一个大袋子中，妈妈忍不住提醒佳琪："佳琪，你要仔细一点儿哦，否则忘记带餐具的话，我们就没法野餐了。"佳琪不假思索地回答妈妈："放心吧，保证完成任务。"临出门前，妈妈再次提醒每个人都检查一下东西是否已经收拾齐全，佳琪却对妈妈的话充耳不闻。

到了郊游地点，爸爸、妈妈和佳琪玩了一会儿就开始准备午餐。爸爸动作熟练，很快就点燃了烧烤炉，已经开始烤肉了。妈妈呢，则开始收拾餐桌。忽然，妈妈生气地喊佳琪："佳琪，你准备的餐具呢？"佳琪说："就在袋子里啊！"妈妈很生气，把袋子里的东西全部倒出来，说：“你自己来找！”佳琪找来找去都没有找到餐具，她羞愧地说：“我忘记装入袋子了，我已经从消毒柜里拿出来了，肯定忘在案板上了。”妈妈忍不住指责佳琪：“你这个孩子不管做什么事情都毛手毛脚的，就从来没有让人放心过。你没拿餐具，咱们怎么吃饭啊！那些烧烤的食材都是放在铁盘上烤的，又没有竹签，总不能用手拿着吃吧！这还怎么用餐呢？我看今天就喝西北风吧！多么开心的一件事情，都被你搅和了。”

原本佳琪还有些内疚，被妈妈这样连珠炮一样地指责，她也不由得生起气来，说：“你以前帮我收拾书包还总是丢三落四的呢！你还好意思责怪我！”妈妈被佳琪彻底激怒了，冲着爸爸喊道：“不玩了，不玩了，收拾东西回家吧，没带餐具，吃什么呢！”听到妈妈充满火药味儿的话，爸爸赶紧打圆场，说：“没带餐具咱们想办法呀！我记得小时候在外面吃东西，会折两根树枝当筷子用，要不咱们就重温一下小时候的野趣生活？”在爸爸的调解下，妈妈和佳琪这才不情不愿地继续配合，完成了烧烤午餐。

在这个事例中，妈妈的做法欠妥。虽然佳琪在妈妈的两次提醒下还是忘记带餐具了，但是这并非一个不可解决的问题，而且佳琪也不是故意的。如果妈妈能够借此机会教育佳琪：“佳琪，你忘记带餐具啦，下次可要认真细心点儿啊！我们倒是可以用树枝当筷子，但就是怕会把虫卵吃进肚子里。你有什么好办法吗？”如果妈妈这么说，佳琪就会感激妈妈没有责怪她，因而会进行自我反省，让自己下一次争取做得更好。此外，佳琪也会积极地想办法为树枝消毒，和爸爸妈妈齐心协力地解决问题，这才是全家人该有的状态。

不管发生什么事情，父母都要学会掌控情绪，尤其是要以平静的情绪对待孩子。很多父母本身就是火暴脾气，在不知不觉间就会影响孩子，孩子也总是火冒三丈，导致亲子关系特别紧张，使家庭生活充满了火药味儿。和剑拔弩张的家庭氛围相比，和谐融洽的家庭氛围当然是更好的。所以，父母一定要控制好情绪，这样才能给孩子积极的影响，让孩子也学习父母的样子成为情绪的主人，做到与父母平等友善地沟通。

人很容易受到情绪的影响。一旦情绪冲动，人就会陷入愤怒的状态之中，导致智商降低，自控力和自制力也急剧下降，从而发生争吵。不得不说，不管是抱怨还是争吵，都是很糟糕的消极沟通方式，除了会降低父母在孩子心目中的威信，损害父母在孩子心目中的高大形象，别无好处。只要用心观察，我们就会发现生活中那些拥有大格局的人很少会因为情绪问题而激化矛盾，他们总是能控制好自己的情绪。有人曾经说，一个人如果能够控制自己的情绪，就比国王更加伟大。

在家庭生活中，虽然家庭成员是平等的，但是在孩子小时候，父母占据家庭生活的领导地位，也在亲子关系中起到主导作用。父母都想在孩子面前保持权威，都想与孩子好好相处，那么父母就一定要成为情绪的主宰。要记住，每一次与孩子吵架，都会降低父母的威信。看到这里，也许有些父母会心生疑问：孩子常常犯错误，有些错误还是明知故犯，造成了严重的后果，我如何能够做到控制情绪不与孩子争吵呢？不可否认的是，很多时候，孩子的确很气人，他们会因为各种原因犯错，有些错误简直错得离谱。父母要认识到，孩子作为一张白纸来到人世，他们做很多事情需要不断尝试，这就意味着孩子一定会犯错，因为犯错恰恰是孩子成长的一种方式，也是孩子进步的阶梯。所以，每当情绪冲动、想与孩子争吵的时候，父母可以采取以下三种方式保持冷静，等到情绪的洪峰过去，再与孩子沟通。

首先，父母要积极地询问孩子。在孩子讲述事情经过的过程中，父母激动的情绪会渐渐平复。询问孩子有三个好处：第一，可以帮助父母了解真相；第二，可以让孩子在讲述的过程中反思自己的所作所为；第三，父母和孩子都能更加冷静，再进行沟通。

其次，父母可以保持沉默。如果父母总是对孩子大吼大叫，那么渐渐地孩子就会学习父母的样子，也大吼大叫。如果父母适时地保持沉默，孩子反而会对父母更加敬畏。有些孩子在父母长久的沉默之中，甚至会主动认错。

最后，暂时与孩子分开。如果父母和孩子都情绪冲动，那么在保证孩子安全的情况下，暂时与孩子分开是一个很好的选择。例如，如果孩子逃到自己的房间里，父母不要追过去继续对孩子发泄情绪，而是要尊重孩子，暂时停止与孩子强行沟通。或者孩子留在原地，父母离开，这样也能达到暂时与孩子分开的目的。需要注意的是，如果孩子情绪特别冲动，甚至处于失控状态，那么父母要极力控制好自己的情绪，不要离开孩子的身边，以免孩子做出过激的举动。

发挥二选一效应，引导孩子

暑假开始了。妈妈想：寒假期间，丁丁因为没有安排好时间，导致假期都快结束了才匆匆忙忙开始写作业，直到开学也没有完成作业，还因此被老师批评了。妈妈深知，暑假整整两个月，暑假作业比寒假作业更多，所以暑假再也不能发生寒假时的情况了。可应该怎么办呢？总是催促丁丁，效果并不理想，妈妈还要去上班，不可能每天都留在家里盯着丁丁。思来想去，妈妈想出了一个好主意。

妈妈一本正经地对丁丁说："丁丁，鉴于你寒假时完成作业的情况不好，非但没有按时完成，作业的质量也令人担忧，而且你也不愿意采纳我的建议制订完成作业的计划，所以我决定想办法帮帮你。你知道的，我和爸爸工作都很忙，没有时间留在家里辅导你完成暑假作业。不如这样吧，你们的班主任很年轻，还没有男朋友呢，应该会有很多闲暇时间。我想，可以把班主任聘请过来当你的家庭教师，辅导你完成功课。你觉得这个办法好不好？"丁丁一想到班主任要来和他朝夕相处，马上满脸恐惧，把头摇得像拨浪鼓一样，连连说道：“不行，不行！我会按时完成作业的，千万不要把班主任请来啊！”妈妈心中暗暗窃笑，嘴上却说：“我可不敢再相信你了。寒假你就是这么说的，结果害得我也被老师批评了一顿。我可不想暑假之后再被老师批评一通啊，我想来想去，只有这个办法最好了。让老师辅导你写作业，这样老师就不会因为你的作业问题而批评我啦！”

丁丁哭丧着脸想了很久，对妈妈说：“妈妈，我现在就制订完成作业的计划，我保证每天都完成固定的作业。而且，这次我会在第一个月就完成所有的作业，等到第二个月再玩，行不行啊？”妈妈沉思着，丁丁继续说：“我马上就做计划表给您看，而且我每天都会主动请您检查作业。”妈妈终于点头答应了，丁丁高兴得一蹦三尺高，当即就去制订作业计划了。

丁丁的妈妈是一位很有教育智慧的妈妈。她很清楚，如果直接提出要求，让丁丁制订作业计划，并且让丁丁在第一个月就完成所有的作业，丁丁一定很不乐意，而且会坚决拒绝。所以妈妈想出了这个好办法，为丁丁多提供了一个选项——聘请班主任来辅导丁丁完成作业。和这个选项相比，丁丁毫不迟疑地给出了妈妈想要的回答。

提问的方式有很多种，如果是开放式提问，孩子给出的回答范围就会很大；如果是封闭式提问，孩子只能回答是或者否，则会觉得自己没有选择的余地。选择式提问介于开放式提问与封闭式提问之间，既给了孩子选择的空间，又能够引导孩子做出父母想要的选择，是父母向孩子提要求的有效技巧之一。

进行选择式提问时，为了避免孩子出现选择困难，父母可以只给孩子提供两个选项。在家庭教育中，这也被称为二选一法则，或者是二选一效应。人都有趋利避害的本能，孩子也是如此。当两个选项的难易程度相差很大，或者是利弊区别很明显时，孩子就会优先选择更容易或者更有利的。在运用选择式提问对孩子提要求的时候，父母要注意以下两点。

第一，要为孩子提供明确清晰的目标，对孩子起到引导作用。父母在为孩子提出目标的时候，一定要明确清晰，还要有详细具体的要求，这样才能指导孩子开展行动。

第二，在为孩子提供选项的时候，描述要清晰，而且要断绝孩子的“退路”。给出的选项最好是孩子必须选择的，而不要存在第三种情况。例如，对于类似于跑步这种非必须去做的事情，父母可以以开放式提问的方式进行，以免给孩子造成压迫感。爸爸可以问儿子“你今天什么时候去跑步”，儿子就可以更自由地给出回答。再如，爸爸问儿子“你今天上午写作文还是下午写作文”，儿子只能选择“上午”或者“下午”，因为写作文是他必须完成的作业。所以，父母在设计选项的时候，要考虑到选项的合理性，从而避免孩子对选项产生争议，或者产生分歧。如果两个选项都不合理，孩子就会觉得被父母逼迫，因此便会产生抵触心理。

鼓励，是世界上最美的语言

升入初二之后，第一次月考，君昊的数学和英语成绩都有了很大提升，因为在半个暑假的时间里，他一直都在补习数学和英语，成绩证明了补习效果很显著。然而，他没有提前学习初二开课的物理，所以在月考中，他的物理考得不太好，只考了85分，和班级里第一名的95分相比，整整相差10分。君昊很沮丧，因为被物理拉低了分数，所以他的总分在班级里排名第二。看到君昊回到家里像霜打的茄子一样，妈妈关切地问："君昊，你怎么了？身体不舒服吗？"君昊沉默良久，眼泪在眼眶里直打转。

妈妈看到君昊心情低落，便没有继续追问，大概猜到可能是考试成绩不理想，因而赶紧招呼君昊吃饭。到了晚上，君昊才告诉妈妈："我这次物理考得不好，不然就是班级总分第一了。"得知君昊的数学和英语成绩都有大幅度提升，妈妈开心地说："君昊，你的数学和英语经过一个暑假的努力，已经有了很大的进步。这是值得庆祝的呀！"君昊还是很失落："但是我物理考得不好。"妈妈说："物理才刚刚开课，也许你还不适应呢，过段时间就好了。事实证明，你的学习能力是很强的。你看看吧，其他那些优秀的同学都是从小学就开始在校外补课，你呢，才上了一个暑假补习班，考试成绩就很优秀。只要你有学习的能力，又对学习充满信心，再加上你特别努力，学习上从来不用妈妈督促，妈妈相信你一定能学好物理。退一步而言，一次考试的成绩并不代表什么，妈妈看重的是你学习的精神和劲头儿。有一位经验特别丰富的老师说过，当孩子开始主动学习时，就离成功不远了。”在妈妈的一番鼓励之下，君昊转忧为喜，对妈妈说：“妈妈，我下次争取考好。”妈妈欣慰地笑了。

孩子需要的是什么？近年来，教育领域提倡赏识教育，所以很多父母会特别慷慨地赞美孩子，例如赞美孩子“你真棒”“你很优秀”“你太厉害了”，等等。这些话简单而又空洞，虽然是赞美，却只能在短时间内对孩子有效，而不能始终激励孩子。有些孩子还会对这些敷衍了事的赞美感到厌倦。父母要知道，孩子真正需要的是鼓励，而不仅仅是赞美。如果说赞美只是单纯地在夸赞孩子，那么鼓励则能够给孩子以力量。尤其是当父母发自内心地鼓励孩子时，更是会让孩子知道自己的优势所在，也会让孩子认识到自己还是有很大进步空间的。此外，从沟通对象的角度来看，父母赞美孩子要符合实际，所以父母往往只能赞美那些表现特别突出的孩子。而鼓励则不同，父母可以鼓励表现不同的孩子，哪怕孩子表现得不尽如人意，父母的鼓励也会让他们鼓起信心和勇气，促使他们争取做到更好。

从做事的进程来看，父母赞美孩子，要在孩子做好一件事之后，而父母鼓励孩子，却可以在孩子开始做一件事之前。例如，孩子对于某个艰巨的任务心生畏惧，那么父母可以鼓励他们加油努力，也可以表达对孩子的信任，让孩子坚持不懈。

父母如果经常赞美孩子，孩子就会对赞美产生依赖性，他们会更加看重他人对自己的评价，而很少进行自我评价，也很容易受到他人评价的影响，因而对自己形成错误的认知。父母鼓励孩子，则可以引导孩子更加关注自己的内在智慧和能力水平，也会激励孩子积极地进行自我评价。当孩子能够主动给自己加油打气，争取有更好的表现时，就会变得越来越强大，他们会相信自己的力量。反之，如果孩子总是要在得到他人的赞美之后才能充满信心，那么他们就会缺乏主见，面对困境的时候也常常会自暴自弃。

父母鼓励孩子，可以以很多方式进行。除面对面地鼓励孩子之外，父母还可以给孩子写便条，或者给孩子发微信等，这些都能随时随地地鼓励孩子，也可以让孩子感受到父母的爱和关心无处不在，从而增进亲子关系，加深亲子感情。还可以把写便条作为亲子之间的小习惯坚持下来，这张便条不但可以给孩子鼓励，为孩子加油打气，还可以向孩子表达小意见，这些都将给亲子关系带来无数个温馨的瞬间。此外，父母习惯于鼓励孩子，还能营造积极向上的家庭氛围，让孩子的成长充满动力。

掌握批评的艺术

五一假期，爸爸妈妈带王涛去景区玩儿。虽然只有3天，是个小长假，但景区里的人明显也比往日更多。看着摩肩接踵的人群，妈妈懊恼地说：“早知道这样，平时周末来多好，我们就守着家门口，还赶着节假日来看人，真是不值啊！”爸爸却心态很好地说：“人多也是别样的风景，不如假装自己是在外地的某个热门景区旅游吧，好处是傍晚就可以回家吃香的喝辣的，不用住宾馆。”这个时候，王涛打起了退堂鼓，说：“爸爸妈妈，要不你们去玩儿吧。看样子，今天索道肯定排队，我可不想走着上山。”爸爸妈妈异口同声地说：“走着上山怎么了？你就是不能吃苦！”说完，爸爸妈妈正要相视一笑，却发现王涛脸色陡变，场面非常尴尬。

妈妈想起要对孩子坚持正面管教，因而赶紧话锋一转说：“其实王涛还是很能吃苦的。你上学期体育成绩才勉强及格，这学期体育成绩就是良好了，妈妈为你骄傲。你知道人为何要坚持运动、坚持锻炼，还要发扬体育精神吗？”王涛不假思索地回答："强身健体呗！"妈妈笑着说："你只回答对了一半。其实，发扬体育精神，也是为了激励人勇敢进取，让人们在艰难时刻奋斗不懈，决不放弃。你看那些奥运健儿，他们不但创造了世界纪录，还尝试着打破自己创造的世界纪录呢！不过，王涛，我觉得你应该把体育精神用于现在，这样我们一家三口就能相互扶持和帮助，一鼓作气勇攀高峰了。如果没有你，我和爸爸作为两个中年人，只怕很难成功登顶呢！此时此刻，我来推举你当领队，如何？"

爸爸显然知道了妈妈的用意，当即对王涛说："王领队，幸会，幸会啊！"说着，全家人都哈哈大笑起来。爸爸妈妈话已至此，王涛也就不好意思再提出回家了。想想爸爸妈妈都已经是40多岁的人了，平日里工作辛苦又忙碌，根本没有时间坚持运动，现在还满腹壮志豪情地要登顶呢，自己作为初升的朝阳，更是要一马当先才行啊！这么想着，王涛脱下外套捆绑在腰间，摩拳擦掌地对爸爸妈妈说："好吧，加油！"

原本王涛并不想爬山，他只想乘坐索道上山，感受一览众山小的壮观。然而，小长假游人如织，想到可能因排队乘索道的人多需要步行爬山，王涛便打起了退堂鼓。幸好王涛的妈妈很擅长三明治批评法，最终成功地鼓舞了王涛，让王涛满怀激情地开始登山。那么，什么是三明治批评法呢？吃过三明治的人都知道，三明治分为三个部分，两面分别是面包，中间是蛋、奶酪、肉松等夹心。顾名思义，三明治批评法，就是给批评穿上糖衣，把批评包裹在中间。以上述事例为例，妈妈先认可王涛在体育上的进步，接着提出王涛应该有能力登顶，最后又推举王涛为领队，从而让王涛心甘情愿地改变主意，带领爸爸妈妈一起爬山。

孩子都喜欢被赞美、鼓励，而不喜欢被批评和否定。但是偏偏在成长的过程中，孩子常常会犯错误，或者对于有些事情做得不好，那么父母在批评孩子的时候就要讲究方式方法，才能起到最好的效果。如果生硬粗暴地批评孩子，就会让孩子自暴自弃；如果彻底否定孩子，就会让孩子沮丧绝望。只有讲究批评的方法，发挥批评的艺术，才能让批评达到预期的效果，既为孩子指出缺点和不足，又鼓励孩子继续努力，争取做得更好，可谓一举两得。

具体来说，三明治批评法之所以效果显著，是因为它有以下三个显而易见的优点。

首先，三明治批评法的本质是把批评夹在表扬中间，因而更容易被孩子接受。这种方式和简单粗暴地批评孩子相比，显然更加委婉，也更好地照顾到孩子的感受。在家庭教育中，很多父母往往不讲究方式方法，只想立刻纠正孩子的错误，也因此而忽略了孩子的感受，反而事与愿违。父母应该转换批评的方法，以更委婉的表达让孩子接受批评，之后再引导孩子做出恰当的行为，这样效果会更好。

其次，三明治批评法有助于保护孩子的自尊心和自信心。如果父母总是直截了当地批评孩子，就会伤害孩子稚嫩的心灵和脆弱的自尊。孩子并非生而就拥有强大的内心，绝大多数孩子要在后天成长的过程中才能磨砺自己的内心，让自己变得更加坚强勇敢。也有一些孩子特别爱面子，父母就更要以保护孩子的自尊为前提，对孩子展开批评，这才能让孩子更容易接受。

最后，三明治批评法弱化了批评，却达到了批评的效果，强化了表扬，让孩子更加自觉主动。打个比方来说，前后夹击的表扬，就像三明治的两片面包；夹在中间的批评，就像三明治的夹心。这样一来，父母既实现了批评孩子、为孩子指出错误的目的，又以表扬的方式激励孩子主动改正错误，从而真正实现了教育的初心。

三明治批评法是充满智慧的教育之法，父母要对孩子开展正面管教，注重引导和帮助孩子，就要善用三明治批评法，也要切实记住三明治批评法的三个步骤：第一步，对孩子表示认可，提出表扬；第二步，对孩子提出批评；第三步，再次鼓励孩子，对孩子表示支持。这三个步骤缺一不可，顺序也不能随意调换。父母尤其是要关注最后一步，无数事实证明，亲子之间的交谈以怎样的方式结束，会对谈话的作用起到至关重要的影响，所以父母一定要在最后再次鼓励孩子，对孩子表示支持，从而提振孩子的信心，激发孩子的主动性。

面对孩子的谎言，你该怎么做

刚过中午，妈妈就接到了班主任的电话。电话里，班主任明显带着怒气："今天中午，小蕊把一个女同学打哭了，还打到那个女同学的眼睛了。"妈妈赶紧表态："老师，女同学的眼睛有没有受伤，用不用去医院？"班主任说："倒也没有那么严重，不过小蕊拒绝向被打的女同学道歉，自己还哭了起来。"听到小蕊也哭了，妈妈又觉得心疼，对老师说："老师，回家之后我严肃批评教育，您放心吧！"

傍晚，妈妈接小蕊回家。吃完晚饭，妈妈问小蕊："小蕊，你今天在学校怎么和同学打架了呢？听说你还把同学打哭了？"小蕊对妈妈说："妈妈，我不是故意的。我和黄桃一前一后要去找同学玩转圈圈的游戏，我的胳膊甩得太开了，才会不小心打到她。"听到小蕊说得既真诚又具体，妈妈便信以为真，忍不住在心里抱怨老师："这个老师就是太年轻了，有一点点事就夸大其词。孩子们在一起玩儿，是不小心碰到的，又不是故意的，还要大动干戈。"等爸爸回家，妈妈担心老师是在故意针对孩子，因而和爸爸商议次日要去找老师当面核实情况。可没想到，小蕊在一旁听着爸爸妈妈说话，忽然哭了起来，边哭边说："好吧，我承认，我是故意的。"

妈妈原本对小蕊深信不疑，现在听到小蕊这么说，感到很吃惊。她当即询问小蕊："小蕊，你要告诉妈妈真话。"爸爸也在一旁生气地说："小蕊，你怎么能撒谎呢？"妈妈听到"撒谎"这两个字，当即以眼神示意爸爸不要再继续说了。妈妈再次对小蕊说："小蕊，告诉妈妈真话，好吗？"小蕊哭着说："那个女同学想去追另外一个同学，另外一个同学跑掉了，我负责阻拦。结果那个女同学非要去追，我就和她打起来了。"妈妈恍然大悟：难怪老师说那个女同学想和小蕊玩，小蕊不和她玩，还打她呢！幸亏小蕊及时坦白，否则去了学校可要闹笑话，还会与老师产生误会呢！这么想着，妈妈语重心长地对小蕊说："小蕊，你以后一定要对妈妈说真话。如果你不说真话，妈妈就会误会老师，说不定还会和老师之间发生不愉快。你必须说真话，妈妈才能知道真实的情况，明白吗？"小蕊点点头。从此之后，再听到老师说小蕊和同学有矛盾，妈妈都会反复问小蕊好几次，一定要等到得知真相之后才会处理问题，也才会教育小蕊。

孩子为何喜欢撒谎呢？在家庭教育中，很多父母为孩子撒谎而烦恼，也有些父母认为撒谎是品质问题。其实，对于年龄比较小的孩子来说，他们撒谎并非出于恶意，而有可能是为了保护自己。就像上述事例中的小蕊，她知道自己打人是不对的，如果被妈妈知道真相，妈妈一定会严肃地批评自己，所以就采取撒谎的方式隐瞒真相，保护自己。对于孩子这样的撒谎行为，父母不要过于严厉地责罚孩子，否则就会让孩子更加恐惧，也会使孩子撒谎的行为变本加厉。从某种意义上来说，孩子之所以撒谎，是被父母逼的。如果父母能够更加宽容温柔地对待孩子，让孩子相信即使他们犯了错误，父母也不会简单粗暴地对待他们，那么他们就会更加勇敢地说出真相。

在发现孩子撒谎的时候，父母不要给孩子贴上撒谎的标签。孩子还小，缺乏自我评价的能力，如果父母不负责任地给孩子贴上负面标签，就会影响孩子的自我认知，使孩子在做出自我评价时出现偏差。面对孩子撒谎的行为，父母最好不要告诫孩子“不许撒谎”，而是可以引导孩子“要说真话”。在此过程中，父母要耐心细致地对待孩子，给予孩子安全感。

除自我保护的目的之外，有些孩子之所以撒谎，是因为他们无法分清楚想象和现实，当他们把想象当成现实说出来时，父母就会误以为他们在撒谎。孩子并非天生就能区分真话和谎话，他们是典型的利己主义者，会本能地说对自己有利的话，做对自己有利的事情。父母的职责就是有计划性地引导孩子说真话。父母的引导对孩子的成长而言非常重要，父母要耐心地教育孩子，才能让孩子更愿意对父母敞开心扉，倾诉心声。

作为父母，我们要想帮助孩子坚持说真话，杜绝孩子说假话，只是严厉地训斥或者教育孩子是远远不够的。我们应该把爱的讯息传递给孩子，消除孩子的恐惧感，让孩子始终坚信我们会坚定不移地支持他们、帮助他们，这样他们才更愿意说真话，也才能真正体会到说真话带来的诸多好处。

发挥非语言沟通的力量

期中考试之后，学校召开家长会，晓枫的爸爸作为家长代表出席了家长会。晓枫的学习成绩并不好，这让晓枫感到很紧张，他生怕爸爸在知道他的成绩后，当着所有同学、家长和老师的面让自己难堪。晓枫想不明白：这次为何要让学生留下来，和家长一起参加家长会呢？晓枫很懊恼。他宁愿回到家里被爸爸狠狠地揍一顿，也不想当着外人的面被爸爸责骂一句。

整整一天，晓枫都惴惴不安。傍晚时分，家长们陆续来到教室，晓枫勉强对爸爸挤出一个笑容，带着爸爸坐到自己的座位上。家长们落座之后，孩子们在教室后面站成两排。爸爸感觉晓枫很紧张，看到晓枫座位上的成绩单后，他恍然大悟，知道晓枫为何惴惴不安了。如何才能让晓枫放松一些参加家长会呢？在老师致辞的时候，爸爸趁机扭头，给了晓枫一个安慰的眼神。然而，晓枫还是很紧张。尤其是在老师开始报成绩的时候，晓枫更是心跳加速。趁着老师说到晓枫的数学成绩有了进步，爸爸转身对晓枫竖起了大拇指，这个时候，他看到晓枫紧张的情绪明显缓解，仿佛吁了长长的一口气。爸爸终于放心了，他知道晓枫不再害怕了。整场家长会，爸爸不管听到老师表扬晓枫，还是批评晓枫，都面带微笑，自始至终都没有当众批评晓枫，晓枫对爸爸感激不已。

回家的路上，爸爸问晓枫："晓枫，这是你第一次参加家长会吧，有什么感触吗？"晓枫羞愧地看着爸爸说："对不起，爸爸，我没有给您增光。"爸爸摇摇头说："班级里有那么多孩子，不可能每个孩子都同样优秀。"晓枫说："我一定努力。我之前太懒惰了，也不重视学习。下次我要让您高高兴兴、脸上有光地参加家长会。"听到晓枫的话，爸爸欣慰极了，他伸出长长的胳膊揽住了晓枫的肩膀，还拍了拍晓枫的肩头呢！

在这个事例中，因为爸爸和晓枫一起参加家长会，所以他们并没有机会私下沟通。看到晓枫的成绩很糟糕，爸爸知道晓枫一定很紧张，因而先是以眼神暗示并安慰晓枫，后来又对晓枫竖起大拇指，最终让晓枫放下心来，不再担心爸爸会当众批评他。后来，在和晓枫一起回家的路上，爸爸还揽住了晓枫的肩膀，拍了拍晓枫的肩头，这些动作都表现出父子俩之间亲密无间的关系，也说明他们的感情很深厚。

在亲子相处中，随着孩子的不断成长，很多父母不再像孩子小时候那样总是拥抱和亲吻孩子，表现对孩子的亲昵，反而会在肢体上与孩子疏远。家长们渐渐习惯于以语言表达的方式与孩子沟通，却又发现语言沟通有很多弊端，例如一言不合就会发生争吵，说出去的话如同泼出去的水，再也收不回来，还会因为紧张、恐惧等原因导致说话语无伦次。如果能够换一种方式，以非语言沟通的方式与孩子互动，发挥非语言沟通的力量，则会让沟通更加顺畅。

在这个事例中，涉及的非语言沟通方式有眼神和肢体动作。其实，在现实生活中，还有很多非语言沟通的方式可以运用。在与他人相处的过程中，可以通过调整姿势或者变换位置来表情达意。例如，一个人如果双臂交叉放在胸前，会给人以拒人于千里之外的感觉；一个人如果坐在靠近门口的位置，说明他很想马上结束谈话，离开现场；一个人站立的时候如果脚尖指向门口，说明他迫不及待想要告辞。在亲子相处的过程中，父母要注重非语言沟通方式，必要的时候，也可以采取非语言沟通的方式与孩子交流。

在与年龄较小的孩子进行沟通的时候，父母还要意识到一点，那就是要蹲下来，与孩子的视线保持齐平。众所周知，父母的身高比孩子高很多。如果父母站在孩子面前，低着头与孩子说话，就会给孩子强烈的压迫感。所以细心的父母会蹲下去，让自己的眼神与孩子的眼神保持齐平，这是更有利于亲子沟通的方式。

说起非语言沟通的方式，很多人对于眼神、肢体动作、面部表情等都很关注，却唯独忽略了和语言相关的沟通要素，比如语气。在所有的非语言沟通工具中，语气的作用和效果是最明显的。同样的一句话，以不同的语气说出来，就会给听者以截然不同的感觉。

有些父母误以为孩子还小，不懂得什么是非语言沟通方式，而且对于那些细微敏感的细节，孩子也并不会注意到。不得不说，这是对孩子的误解。孩子虽然小，懂得的知识并不多，经历的事情更是屈指可数，但是他们的感觉是非常敏锐的。几个月的婴儿就已经学会了察言观色，能够根据他人的面部表情决定自己是哭还是笑。随着不断成长，孩子们察言观色的能力越来越强，越是对熟悉亲近的人，他们越是敏感。所以父母在与孩子沟通的时候，一定要把握好语气，切勿使孩子产生误解。退一步而言，即使父母当时心情不好，并不想说话，面对孩子时，父母也要调整好心情，以良好的状态与孩子互动。

在正面管教的过程中，父母切勿喋喋不休地对孩子展开说教，而是可以把语言沟通和非语言沟通结合起来，起到更好的表达效果，也让沟通水到渠成。如果孩子经常运用非语言沟通的方式与父母交流，那么日久天长，孩子在情感联结、情绪感受方面都会与父母有更细致深入的互动。在此过程中，父母也将会彻底领悟到以怎样的方式与孩子沟通，如何做才能发挥语言的艺术，把话说到孩子的心里去。

◇ 不吼不叫，顺畅沟通 ◇

很多父母误以为沟通就是要主动表达，实际上，真正的沟通是从倾听开始的。

在订立规矩的时候，父母要注意，规矩必须适用于全家人，父母要带头遵守规矩。

父母一定要成为情绪的主宰。要记住，每一次与孩子吵架，都会降低父母的威信。

高情商家教思维

1. 孩子提出问题，有些不好讲或讲了他也不理解，家长应（　）。（单项选择题）

   A. 想办法避开这个问题

   B. 随便应付或转移目标

   C. 告诉孩子每个人都会遇到问题，需要不断地学习，才能找到答案

2. 孩子在学校受了委屈，回家告诉家长。家长应（　）。（单项选择题）

   A. 认为没关系

   B. 批评孩子事多

   C. 倾听孩子的诉说，表示理解，并引导他自己解决

3. 家长与孩子产生“代沟”的主要原因是（　）。（单项选择题）

   A. 年龄差距

   B. 孩子不听家长的话

   C. 家长与孩子缺乏沟通和理解

4. 有些家长觉得和孩子交流困难，学会与孩子交流、沟通的有效方式是（　）。（单项选择题）

   A. 拥有童心，以孩子的眼光看孩子

   B. 以长者的身份控制孩子的言行

   C. 讨好孩子，对孩子百依百顺

无为而治，
让孩子走向独立和自主

让孩子走向独立和自主，是父母教育孩子的远大目标之一。要想真正实现这一点，父母就要对孩子放手，就要循序渐进地对孩子实行无为而治。

不限制，鼓励孩子自由思考

爸爸出差回家，给然然带回来一个漂亮的八音盒。这个八音盒不仅能发出美妙的音乐声，而且色彩艳丽，还会随着不同的音乐跳出一朵花、一棵小树或者是一个小人。然然觉得这个八音盒特别好玩，对八音盒爱不释手。玩着玩着，然然感到很好奇，她问爸爸："爸爸，八音盒为何能发出这么好听的声音呢？"爸爸正想告诉然然答案，但转念一想，还是让然然自己思考吧。于是爸爸对然然说："然然，你可以观察八音盒，看看你能否解开八音盒的奥秘。"

整个下午，然然都在盯着八音盒看。后来，她对爸爸说："肯定是八音盒里有机关。我可以拆开看看吗？"妈妈当即拒绝："这可是爸爸刚刚送给你的呀，拆开就坏了。"爸爸却鼓励然然："你当然可以拆开。不过我们最好给拆卸的每一步都拍好照片，否则就无法组装了。"后来，爸爸协助然然拆开了八音盒，然然亲眼看到了八音盒的内部构造，恍然大悟。

孩子勤于动脑、勤于动手是好习惯。如果孩子对很多事物不感到好奇，那么他们就不会积极地去探索。所以当孩子提出问题的时候，父母不要当即就给孩子解答，而是要引导孩子进行观察和思考。当孩子需要动手来解答内心的疑惑时，父母也应该支持孩子，给孩子提供便利条件。

科学家杨振宁曾经把中国留学生与美国学生相比，发现中国的留学生学习成绩更优异，而美国学生的创新能力更强。究其原因，是因为美国学生思维更活跃、更富有创造性，而中国留学生比较缺乏创新精神，动手能力也比较弱。因而在培养和教育孩子的过程中，作为父母，我们一定不要限制孩子思考，而是要鼓励孩子自由思考，这样孩子才能真正成长。

对于孩子的学习和成长，很多父母进入了误区，他们觉得获取知识是最重要的。其实不然。从某种意义上来说，对于孩子而言，学会独立思考，拥有独立判断和运用知识解决问题的能力，才是更重要的。尤其是在当今的时代里，信息大爆炸，不管是成人还是孩子，都必须做到与时俱进，才能避免被时代所抛弃，才能符合现代社会发展的需要。那么父母对孩子提出的要求也应该改变，不应该再强求孩子必须知识渊博，而是要更加注重激发孩子的求知欲望，培养孩子的独立思考能力，还要打造孩子的学习力和创造力。古人云，授人以鱼不如授人以渔，就是这个道理。拥有学习力和创造力的孩子，无论置身于怎样的环境之中，都能坚持学习和创新。反之，对知识生搬硬套的孩子，哪怕有很便利的学习条件，也只适应填鸭式教育，无法学以致用，更无法在看似艰难的处境中开拓出属于自己的道路。

在很多家庭中，父母一旦发现孩子遇到困难，就会代替孩子解决问题。这会使孩子养成很强的依赖性。如果离开父母的帮助，他们很可能会一事无成。难道父母能跟着孩子进考场、帮助孩子考大学吗？难道父母能跟在孩子身边一辈子、每时每刻都给孩子保驾护航吗？当然不能。终有一天，孩子会长大，父母会老去。只有独立自主的孩子才能支撑起属于自己的人生天空，才能在父母需要的时候照顾父母、帮助父母、陪伴父母。父母一定要从小就引导孩子独立思考，注重培养孩子的独立能力，切勿等到自己老了，孩子变成了长不大的巨婴，才追悔莫及。

现代社会，生活节奏越来越快，职场竞争日益激烈，整个世界都处于瞬息万变的发展之中。如果孩子没有主见，随波逐流，小时候听从父母的，长大了之后盲目学习他人，而且不管做什么事情都没有明确的动机，总是人云亦云，或者学着别人去做一些事情，那么他们就会迷失在茫茫人海中，最终不知所终。总而言之，培养孩子独立思考的能力是很重要的。那么，父母要怎么做，才能培养孩子独立思考的能力呢？

首先，要提供机会，鼓励孩子独立思考。当孩子面对一些问题的时候，很多父母等不及孩子思考，就会抢先给出答案。表面看起来，父母的确有着丰富的人生经验，也总是能给孩子提出合理的建议，但是如果孩子从来没有机会练习独立思考，他们又怎么会具备独立思考的能力呢？现实中，很多“妈宝男”就是因为从小习惯了接受妈妈无微不至的照顾，所以才会凡事都依赖妈妈、顺从妈妈，哪怕是对于自己的个人问题也没有主见。这样的男人不但不能成家立业，甚至连独立生存都很难。看起来他们已经长大成人，其实他们的内心却没有“断乳”。

其次，为孩子创设有助于思考的情境。例如，父母要坚持对孩子提出开放式问题，也可以以抛砖引玉的方式启迪孩子的思维，让孩子积极地投入思考。日常生活中，父母要坚持与孩子沟通，在沟通的过程中激发孩子的谈兴，让孩子的思维快速运转起来。

最后，要鼓励孩子发表意见。很多父母认为孩子尚小，提不出有建设性的意见，因而他们索性从不征求孩子的意见，哪怕某件事情是与孩子密切相关的。明智的父母会抓住各种机会鼓励孩子发表意见，例如尽量让孩子自主决定自己的事情；经常召开家庭会议，让孩子积极地表达观点；和孩子针对某一本书进行读后讨论，各抒己见；积极地采纳孩子的合理建议，极大地激励和鼓舞孩子，让孩子以主动的姿态参与讨论。

尤其需要注意的是，孩子对于很多问题的看法还是略显稚嫩的，为了保护孩子独立思考的积极性，哪怕孩子说出的话或者提出的问题过于稚嫩，父母也不要嘲笑或者讽刺孩子。父母每时每刻都要保护孩子的自尊心，尤其是要看重孩子提出的问题，积极地回应孩子。这对于帮助孩子进行积极的思考是很有帮助的。

不抱怨，让孩子积极乐观

最近这段时间，妈妈发现妍妍变得特别爱抱怨。妍妍9岁，读小学三年级。但是她看什么都不顺眼，对什么都很挑剔。周末，妈妈带妍妍回姥姥家，才刚刚上公交车，妍妍就不停地问妈妈什么时候才能到姥姥家。一路上，妈妈被妍妍问得很烦。好不容易到了姥姥家，妈妈以为妍妍这回终于可以安静了吧，却没想到妍妍一会儿嫌弃姥姥买的樱桃太酸了，一会儿嫌弃姥爷买的糖葫芦不够甜。吃饭的时候，她更是嫌这个菜咸了，嫌那个菜淡了，就没有满意的时候。妈妈终于忍不住训斥妍妍："妍妍，你怎么这么挑剔，还总是抱怨？你以前多好啊，爱说爱笑，人见人爱，现在怎么变成了这个样子。"

妍妍被妈妈训斥一番，委屈得哭起来。这个时候，姥姥赶紧过来安抚妍妍，妍妍这才红肿着眼睛把碗里的饭菜都吃完了。

午餐之后，姥爷提醒妈妈："妍妍以前不是这么矫情的，我觉得她应该是平日里见不到你，所以和你在一起的时候就想以这种方式吸引你的关注。"姥爷是一名老教师，他对孩子的心理还是很了解的。妈妈回想起自己这段时间一直在加班、出差，很少有时间陪伴妍妍，不由得感到很愧疚。她把妍妍抱在怀里说："妍妍，你想和妈妈一起去看电影吗？听说最近上映的一部电影很不错呢！"妍妍当即高兴得一蹦三尺高。在和妈妈一起看电影的过程中，妍妍再也没有抱怨连天了。

在这个事例中，妍妍之所以喜欢抱怨，并非真的对很多事情不满意，而是想要以这样的方式得到妈妈的关注。幸好姥爷是老教师，看透了妍妍的心思，否则大家都以为妍妍越来越小肚鸡肠、斤斤计较了。当孩子出现这样的情况时，父母要做到以下几点。

首先，父母要意识到孩子需要倾听。当父母放下手中的工作，用心倾听孩子的心声的时候，孩子就不会继续抱怨，而是会积极地与父母沟通。

其次，父母要告诉孩子抱怨无济于事，与其浪费宝贵的时间抱怨，不如抓紧时间想解决问题的办法。抱怨是一种很糟糕的习惯，爱抱怨的人往往会形成消极的思维模式，不管遇到什么事情，他们第一时间就会抱怨。这使得他们的生活和人生都阴云密布。在此过程中，父母要引导孩子构建积极的思维模式，这样孩子才会从积极的方面思考和解决问题。

最后，在家庭生活中，父母要以身作则，远离抱怨。父母对孩子的影响是很大的，如果父母爱抱怨，孩子往往也爱抱怨。如果父母习惯于积极地面对各种问题，那么孩子就会在潜移默化中受到父母的影响，也能够换不同的角度看待问题，以不同的逻辑思维分析问题，这样一来，说不定就能从看似绝境的境遇中发现生机和希望。

心理学家研究发现，一个人的嘴巴如果始终都在诉说负面的感受，那么他的心灵就会距离快乐越来越远。从这个意义上来说，抱怨除能够帮助我们暂时发泄不良情绪外，非但无助于解决问题，还有可能使情况变得更加糟糕。积极乐观的孩子不管面对怎样的艰难处境，都能做到充满信心和勇气去面对，也能收获快乐和满足。相比之下，消极悲观的孩子即使非常优秀，特别出色，也会因为周围笼罩着一层压抑的氛围，而使周围的人都不愿意亲近他们，不想受到他们负能量场的影响。

对于抱怨，大多数人认为抱怨是因为心中不平才会说出一些发泄的话，其实抱怨与喜怒哀乐等简单纯粹的情绪是不同的。抱怨中蕴含着很多复杂的情绪，例如悲伤、绝望、焦虑、忧伤等。孩子之所以喜欢抱怨，除想要吸引父母的关注之外，也有可能是需求没有得到满足、情感没有得到宣泄，在心意难平的时候也没有得到支持和鼓励等原因导致的。父母只有了解孩子在抱怨行为背后隐藏的心理动机和心理需求，才能有的放矢地帮助孩子远离抱怨。也有些孩子虽然怨声载道，却丝毫没有意识到自己在抱怨。那么父母旁观者清，在看到孩子真实的行为表现后，就更要积极地帮助孩子改掉抱怨的坏习惯。

抱怨不但会影响孩子的心情，使孩子周围的气氛压抑沉重，还有可能影响孩子的人际关系。爱抱怨的人往往没有好人缘，这是因为他们会源源不断地向周围的人传递负能量，使周围的人也心情压抑而又沉重。所以孩子要想受人欢迎，就必须改掉爱抱怨的坏习惯。人们常说，心若改变，世界也随之改变。那么从现在开始，让我们改变心态，并在自己的影响下也让孩子拥有积极乐观的心态吧！

◇ 鼓励孩子的进步 ◇

赞美孩子“你真棒”“你很优秀”“你太厉害了”，等等。这些话简单而又空洞，虽然是赞美，却只能在短时间内对孩子有效，而不能始终激励孩子。

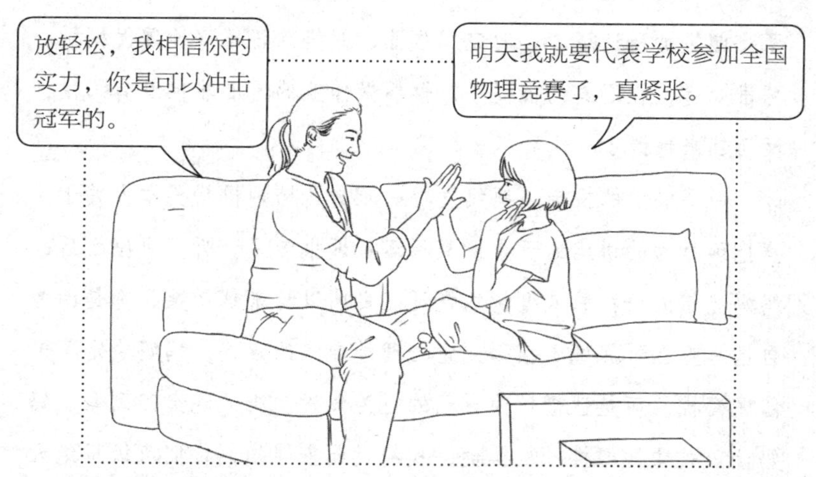

父母鼓励孩子，可以在孩子开始做一件事之前。例如，孩子对于某个艰巨的任务心生畏惧，那么父母可以鼓励他们加油努力，也可以表达对孩子的信任，让孩子坚持不懈。

不催促，让孩子戒掉拖延

每天晚上，樱桃的家里都会发生大战，这是因为樱桃真的是一个特别爱拖延的小女孩。妈妈通过询问其他家长得知，大多数孩子在放学回到家里之后，一个半小时到两个小时就能完成所有作业，但是樱桃呢，往往三四个小时过去了，作业还没写完。为了让樱桃加快速度，按时完成作业，妈妈只好不停地催促樱桃。可谁知道，在妈妈的催促下，樱桃做作业的速度非但没有加快，反而越来越慢了。这可怎么办呢？

一个偶然的机会，妈妈发现一家少儿培训机构要举办关于儿童拖延行为的讲座，于是便毫不迟疑地报名了。听了讲座之后，妈妈恍然大悟：原来樱桃的拖延症之所以越来越严重，都是因为自己一直在催促她。根据儿童心理学专家的建议，妈妈决定不再催促樱桃，而是让樱桃为自己的行为负责。当天晚上回到家，妈妈就正式通知樱桃："樱桃，我经过调查得知，你们班级里绝大多数同学两个小时就能完成作业，少数同学只需要一个半小时就能完成作业。鉴于你一直以来完成作业的时间比较长，我先为你规定两个半小时的时间。也就是说，你必须在两个半小时之内完成作业。时间一到，你就必须收拾书包和文具，哪怕作业没有写完，也不允许继续写了。”

爸爸在一旁听着，忍不住皱起眉头。等到樱桃回房间开始写作业之后，爸爸小声问妈妈：“这个办法行得通吗？她三四个小时都写不完，你现在规定两个半小时，她完不成作业怎么办？”妈妈胸有成竹地说：“如果写不完，那就让她带着没写完的作业去学校，被老师批评。”果不其然，两个半小时到了，樱桃还有很多作业没有完成，樱桃请求妈妈再给她半个小时，并且保证能在半个小时内完成作业，但是妈妈坚决拒绝了樱桃的请求。次日，樱桃忐忑不安地带着没完成的作业去了学校，被老师狠狠批评了一顿。当天放学回家之后，樱桃一改往日磨磨蹭蹭的习惯，第一时间就拿出书、作业本和文具，开始伏案疾书，居然在规定时间内就完成了作业。

孩子为何越是催促越是拖延呢？很多父母误以为，孩子应该越是催促越是加快动作，提升速度才对。但事实告诉我们，有的时候，催促会导致事与愿违。这是因为不停催促会使孩子产生超限效应，故意放缓速度与父母作对，也有可能让孩子形成依赖性，使孩子坚信不管花费多少时间，父母总会催促他们完成作业。显而易见，这两种可能性都不是父母想要的结果。

要想让孩子加快速度，提升效率，父母就要管好自己，不再催促孩子。这听起来很容易，虽然父母一直盼望着孩子能够主动自发、保质保量地完成作业，这样也就无须催促孩子了，但是实际上当看到孩子拖延磨蹭的表现时，父母要想忍住不再提醒和催促孩子，真的是有很大难度。有些父母认为，这么做很容易憋出内伤。但是，父母必须要明确一点——教育孩子不能仅仅追求短期效果，而是要追求长期效果。这样故意放纵孩子拖延，看似会导致孩子不能按时完成作业，也会使孩子被老师批评，但实际上只要坚持一段时间，父母就会惊喜地发现孩子的拖延情况大大好转。这是因为在父母的催促之下，孩子缺乏自控力，也做不到严格自律，又因为父母的催促帮助他们完成了任务，所以他们最终并不需要承担拖延的后果。

要想帮助孩子戒掉拖延的坏习惯，父母就要下定决心。父母不再催促孩子，一则是为了让孩子承担拖延的后果，二则是为了激发孩子的内部驱动力，促使孩子主动管好自己。这样，孩子对于拖延的后果就会有更深刻的认知，也就会更积极地提升效率，从而使自己在规定时间内完成既定任务。

不偏袒，让孩子正视不足

最近这段时间，乐乐每天放学都很晚才出校门。爸爸负责接乐乐放学，有的时候要在校门口等很久。有一天，爸爸等得特别着急，就给班主任打电话询问情况。班主任和爸爸说："乐乐有些懒惰。白天有背诵的任务，他没有找负责的同学检查背诵，所以就只能利用放学后的这段时间进行。"听到老师这么说，爸爸很无奈。他对老师说："的确，乐乐是有些懒惰的。他喜欢上课，喜欢回答问题，却不喜欢被规定必须完成一些作业。回家我会和他沟通，让他下次尽早找负责的同学检查背诵。"老师说："当然，乐乐也有很多优点。例如他作业写得特别认真，上课回答问题很积极，对待同学团结友爱。"听到老师又说了乐乐这么多优点，爸爸才感到些许欣慰。

后来，爸爸针对懒惰和拖延的问题与乐乐进行了沟通。乐乐有些委屈："我这就叫懒惰吗？你怎么能向老师承认我懒惰呢？"爸爸说："有则改之，无则加勉。老师为你指出不足，就是希望你能够弥补不足。如果你非要视而不见，那怎么可能进步呢！”乐乐说：“老师对我的印象一定不好了。”爸爸安抚乐乐：“古人云，人非圣贤，孰能无过。作为孩子，你有缺点和不足是正常的，重要的是要认识到自身的缺点和不足，这样才能及时查漏补缺，取得进步。”

现实生活中，很多父母不愿意听到老师或者其他人说孩子的缺点与不足，这并非因为孩子不能面对自身的不足，而是父母缺乏自信的表现。一旦说起孩子的不足，父母就会觉得很丢脸，也不敢面对。其实，人非圣贤，每个人都有优点和长处，也都有缺点和不足。父母不但要有强大的内心，能够正视自身的不足，还要能够正视孩子的不足。

父母坚持正面管教，既要认可和赏识孩子，又要为孩子指出不足，引导孩子弥补不足。不管谁指出了孩子的不足，父母都切勿偏袒孩子。具体来说，父母不偏袒孩子体现在哪些方面呢？上文说过，父母要正视孩子的不足，这是父母不偏袒孩子的第一点。第二点，就是当孩子与他人发生争执或者矛盾时，父母能够引导孩子反思自己的言行举止，鼓励孩子勇敢地承认错误。在教育孩子的过程中，很多父母生怕孩子在人际交往的过程中吃亏，尤其是当孩子与小伙伴发生冲突时，父母更是恨不得冲上去为自己的孩子伸张正义。他们只顾着指责其他孩子，却没有想到自家孩子也存在很多缺点和不足。当然，也有一些父母走向了另一个极端，他们总是批评自家孩子，导致自家孩子哪怕做得很好也畏缩胆怯，出现社交退缩现象，而且性格越来越怯懦。

在有些家庭里，因为父母忙于工作，所以往往会把孩子托付给老人照顾。每当孩子犯错、父母想要批评孩子时，老人就会袒护孩子、包庇孩子。这样的袒护会让孩子变得骄纵任性，明知自己犯了错误也不愿意承认，更不能做到积极地改正错误。

父母要认识到一点，即孩子在成长的过程中难免会犯错，作为父母，切勿因为孩子犯错就指责孩子，也不要因为心疼孩子就包庇孩子。父母只有理性地对待孩子，才能引导孩子客观地认知自我，中肯地评价自我，从而让孩子真正做到扬长避短，取长补短，让孩子全面均衡地发展。

不判定，让孩子自我反省

郡郡从小就是个顽皮淘气的孩子，为此可没少被爸爸妈妈批评，有的时候还会因为故意闯祸挨揍。大家都说孩子大一些就会更懂事，为此妈妈一直盼着郡郡快快长大。她从郡郡读幼儿园，盼到郡郡读小学低年级，又盼到郡郡升入了小学中年级。但是郡郡的表现非但没有变好，反而变本加厉了。有一次，郡郡和同学之间发生了激烈的冲突，和同学打了起来。妈妈被老师叫到学校和对方家长协商解决问题，回家之后气得狠狠地骂郡郡："你从小就是淘气包，现在都读四年级了，还是不让人省心。我看就你这样的，蛮不讲理，逞强好斗，将来也不会有什么出息。"

妈妈从未说过这么狠的话，郡郡被妈妈的话惊呆了，眼泪簌簌而下。这时，爸爸回到家里，看到妈妈和郡郡之间似乎发生了激烈的矛盾，赶紧询问原因。得知郡郡又在学校里和同学打架了，爸爸固然生气，但是得知妈妈对郡郡说的话后，爸爸更生气了。等郡郡回到房间开始写作业后，爸爸把妈妈叫到楼下，怒气冲冲地责怪妈妈："你怎么能这样对孩子说话呢？就凭你这么说，孩子如果真的没出息，也怪你。”妈妈还是很生气，于是说：“你从来不管孩子，出了问题就只会抱怨我。我已经管孩子10年了，剩下的时间，就该由你管了，我看看你能管得怎么样！”爸爸感受到妈妈的情绪非常激动，就没有和妈妈争辩，而是耐心解释道：“我知道你管家管孩子很辛苦，我不是说你做得不好，我只是提醒你不要给孩子贴标签，不要判定孩子。孩子做得不好，咱们就事论事，怎么惩罚孩子都行。但是一旦判定孩子将来不会有出息，就会让孩子自我认定，贬低和否定自己，甚至在很多方面都会做得越来越糟糕。”妈妈认为爸爸说得有道理，陷入了深深的思考。

很多父母在孩子犯了错误对孩子进行批评的时候，都喜欢判定孩子。他们没有想到，孩子年龄还小，缺乏自控力，所以才会在面对很多事情的时候不能做得很好。也有些孩子虽然明知道自己要做的事情是错误的，但还是会去做，这让父母更加恼火。然而，不管出于什么原因，父母在教育孩子的时候都要坚持针对具体的事情发表评价，切勿把原本并没有那么严重的事情看得特别严重，甚至因此彻底否定孩子。这是对孩子不负责任的表现，也会对孩子起到很大的负面作用。

父母不判定孩子，要做到以下几点。

首先，父母要尊重孩子、理解孩子，不要以成人的眼光看待孩子，也不要以成人的标准要求孩子。很多父母对孩子会有先入为主的观念，他们总是对孩子提出过高的要求，也常常在不知不觉间把孩子当成成人看待。实际上，孩子在18岁之前都是未成年人，他们在不同的成长阶段都会呈现出不同的身心发展特点。父母必须了解孩子的身心发展特点，洞察孩子内心的真实状态，才能给予孩子更中肯的评价。

其次，父母要就事论事，切勿激化矛盾，更不要对孩子下定论。孩子正处于快速成长的过程中，他们的身心都在不断发展。没有人知道孩子将来会成为怎样的人，父母与其抱怨孩子，还不如引导孩子做得更好。有时孩子因为不懂得道理而表现不佳，父母要对孩子动之以情，晓之以理，让孩子更知晓人情世故，让孩子能够与父母以及其他人之间建立良好的关系。

再次，父母要设身处地为孩子着想，与孩子共情。共情，是一种很重要的亲子相处技能。实际上，父母不是孩子，很难真正理解孩子的感受。但是如果父母能够与孩子共情，至少可以更加理解和体谅孩子，也就能够洞察孩子在行为背后隐藏的心理动机和心理需求，从而与孩子更好地互动。

最后，父母无须急于为孩子指出错误。当孩子表现不佳时，父母可以引导孩子自主反思。和被父母批评与指责才知晓错误相比，孩子如果能够通过自我反思的方式明确自己的错误，那么他们对于错误的认知就会更加深刻，也就能够主动改正错误。对于父母而言，不管以怎样的方式与孩子相处，最终的目的都是希望孩子能够取得进步，反思正是孩子自我成长的重要方式，将会让孩子受益一生。

◇ 掌握批评的艺术 ◇

父母在批评孩子的时候要讲究方式方法，才能起到更好的效果。如果生硬粗暴地批评孩子，就会让孩子自暴自弃；如果彻底否定孩子，就会让孩子沮丧绝望。

在家庭教育中，很多父母往往不讲究方式方法，只想立刻纠正孩子的错误，也因此而忽略了孩子的感受。父母应该转换批评的方法，以更委婉的表达方式让孩子接受批评，之后再引导孩子做出恰当的行为，这样效果会更好。

不满足，让孩子掌控欲望

周末，妈妈带着恬恬逛商场。恬恬来到一家童装店，特别喜欢一件白色的蓬蓬裙，恬恬穿起来就像公主一样美丽。看到恬恬对这件裙子很是喜欢，妈妈当即付款买下了这件裙子。妈妈对恬恬说："正巧，再有一个月你就过生日了，这件裙子就当是妈妈送给你的生日礼物吧。"恬恬高兴地感谢妈妈，拎起装着裙子的袋子便和妈妈一起向超市走去。

快要到达超市的时候，恬恬又发现了一家童装店。这家童装店的橱窗里，挂着一件粉色的纱裙。恬恬马上被吸引住了，站在橱窗前观赏着裙子，不愿意离开。她央求妈妈："妈妈，我想要这件裙子。"妈妈当即拒绝："你刚刚已经买了一件裙子，所以不能再买了。"恬恬真的太喜欢这件裙子了，她苦苦哀求妈妈，然而妈妈却不为所动。妈妈对恬恬说："恬恬，爸爸妈妈每个月只有固定的薪水，既要养活咱们一家三口，还要养活在老家的爷爷奶奶，所以我们必须节俭。刚才那件裙子已经花了300多元钱，严重超支，如果再买这件裙子，妈妈就没有钱去超市采购生活必需品了。你要是想买这样的裙子，至少要等到明年生日。我答应你，到时候可以和现在一样提前一个月买，这样你就可以早一点儿穿上新裙子了。”听到妈妈说的话没有任何回旋的余地，恬恬只好作罢。她对妈妈说：“那我可以试一试这件裙子吗？我穿上之后一定像个小仙女。”妈妈点点头，陪着恬恬一起进了试衣间。果然，恬恬穿上这件粉色的裙子更漂亮了。恬恬还请妈妈给她拍了一张照片，留着欣赏呢！

人的欲望是永无止境的，孩子的欲望也是如此。作为父母，我们固然愿意倾尽所有为孩子提供最好的生活条件，但却常常面临心有余而力不足的情况。为了教会孩子掌控欲望，我们就要学会拒绝孩子，也让孩子在被拒绝的过程中有效驾驭欲望。

现实生活中，很多孩子任性霸道，他们总是对父母提出各种各样的要求，一旦要求不能被满足，他们就会哭闹，或者因此而纠缠父母，甚至威胁父母。其实，孩子之所以有这样的表现，并非因为孩子天生就是欲望的奴隶，而是因为父母在教育孩子的过程中没有正确地引导孩子。孩子总是被欲望淹没，不但会给家庭经济造成负担，而且对于孩子的身心发展也是没有好处的。退一步讲，即使孩子现在因为得到父母无限度的溺爱，所有的欲望都能够被满足，但等到长大成人之后，他们面对无底的欲望深渊也会感到无所适从。具体来说，父母如何才能以拒绝孩子的方式，让孩子掌控欲望呢？

首先，和孩子事先约定好购买哪些东西，有助于孩子合理消费。一旦去了诸如商场、超市等商品极为丰富的地方，孩子就容易受到各种各样的诱惑。因为有些孩子总是当众要东西，不给买就撒泼打滚，所以有些父母以避免带孩子去各大卖场的方式逃避问题。但逃避问题并不能解决问题，孩子也不可能永远都待在家里。父母与其逃避，不如勇敢面对。例如在去超市或者商场之前，先和孩子约定要购买哪些东西，相信孩子能够信守诺言，不会对父母提出额外的要求。

其次，为孩子制定规矩，起到防患于未然的作用。除与孩子暂时约定或者提前约定之外，父母还可以为孩子制定规矩，让孩子不管是提出要求还是计划做一些事情，都有据可循。当父母坚持对孩子践行诺言时，相信孩子也会对父母践行诺言，由此亲子沟通和对孩子的教育都会开展得更顺利。

再次，拒绝时要态度坚决，切勿给孩子可乘之机。很多父母在拒绝孩子的时候常常觉得心虚，因而含糊其词，却忽略了这样的态度会让孩子不死心，也让孩子认为只要苦苦哀求父母，就能够被满足愿望。这也使得原本可以快刀斩乱麻的拒绝变得纠缠不休，让父母和孩子都很难堪。需要注意的是，父母在坚决拒绝孩子的时候无须声色俱厉，而是要和善而坚定，只要告诉孩子结果即可，不要打击孩子的自尊和自信。

最后，必要的时候，可以采取冷处理的方式，帮助孩子恢复安静。很多孩子是“人来疯”，在被父母拒绝之后，如果他们通过哭闹的方式吸引了很多观众，他们就会变本加厉，哭闹得更厉害。识破了孩子的小心思，父母可以采取冷处理的方式让孩子恢复安静。例如，父母可以默不作声，也可以暂时离开孩子的身边。但应当注意的是，不管以怎样的具体方式让孩子独处，恢复安静，父母都要保证孩子的安全。

对于父母而言，只有从小教育孩子掌控欲望，将来孩子在长大成人之后才不会因为受到欲望的驱使而做出一些出格的举动，也才能通过掌控欲望的方式让自己拥有更美好的未来。从现在开始，父母就要积极地对孩子说“不”，特别是在面对孩子不合理的要求时，父母更是要抓住恰当的机会拒绝孩子，这样才能培养孩子自律、自立的优秀品质。

不贬低，让孩子自觉主动

现实生活中，很多父母对孩子会采取批判或否定的态度，总认为孩子就像小马驹，必须靠着父母时不时地抽打，他们才能跑得更快，才能表现得更好。可事实上，这种教育孩子的方式并非正确，要想做到不贬低孩子，鼓励孩子自觉主动地做好该做的事情，父母要懂得教育的艺术。

首先，父母最好不要对孩子怀有成见。即使父母对孩子怀有成见，也不要当着他人或者当着孩子的面说出来。随着孩子年龄不断增长，孩子的自尊心越来越强，如果父母当着他人的面践踏孩子的自尊，就会让孩子放弃自我，随波逐流。明智的父母非常了解自己的孩子，即使孩子的言行举止不能让他们满意，他们也会给予孩子认可和鼓励。

其次，父母要摒弃成人的思维定式，尽量站在孩子的立场上看待问题，尽量以孩子的逻辑思维分析问题，这样才能采取适宜的方式圆满地解决问题。太多的亲子矛盾起源于误解，当父母设身处地地为孩子着想、真心诚意地为孩子考虑、竭尽所能地满足孩子的需求时，亲子关系就会更加和谐融洽。

最后，尊重孩子，与孩子友好协商。在很多家庭中，父母都搞一言堂，他们认为自己就是家庭生活中的权威，可以代替孩子决定任何事情。殊不知，孩子尽管还小，缺乏独立自主的能力，但是他们却是与众不同的生命个体，他们有权利为自己的事情做出决定。父母一定要养成遇到事情和孩子商量的好习惯，这样才能避免先入为主地认为孩子一定是能力不足的，或者是轻视、藐视孩子的提议。

总而言之，人是主观的，很多父母已经习惯了从主观的角度出发思考问题，也已经习惯了把自己认为好的一切都给孩子，并且先入为主地认为孩子一定能力不足、经验匮乏。其实，孩子的心思非常缜密，他们的能力也很强。父母只要不贬低孩子，而是发自内心地认可和尊重孩子，慷慨地赞美孩子，最终一定能够“夸”出自觉主动的好孩子。

不控制，让孩子遵守规则

特特从小最讨厌遵守规则，他不明白过马路为何要等绿灯，不知道去超市为何要排队。这是因为他对于规则的了解还没有那么深入，遵守规则的意识也还没有形成。如何才能引导特特遵守规则呢？虽然在日常生活中，妈妈总是提醒特特要遵守规则，但是特特并没有养成遵守规则的好习惯。妈妈看到其他孩子总是规规矩矩的，常常感到很羡慕。

一个周末，妈妈带着特特参加家庭聚会。孩子们全都聚集在一起，轮流玩新玩具，其他孩子都能遵守规则，有序排队，特特却迫不及待地想要把玩具拿到手中。这时，妈妈严令禁止特特："特特，必须排队。"特特很惧怕妈妈，赶紧缩到后面，乖乖地等着。看到妈妈离开，特特又开始往前窜。小姨看到特特的表现觉得很有趣，就和特特的妈妈说了，特特的妈妈正准备大发雷霆，小姨却对特特妈妈说："姐，我觉得你总是这样管着他不是办法。他应该主动遵守规则。你别去制止他，现在，我家欣欣在他前面，如果他插队，欣欣肯定不愿意，也会对他提意见的。你不妨让他吃点儿苦头。”妈妈觉得小姨说得有道理，就没有特意提醒特特。果然，欣欣数落了特特，指责特特不排队。后来，妈妈一直没有管教特特，特特在同伴们的提醒下，终于意识到必须排队，再也不试图插队了。

后来，妈妈不再像以前那样对特特严格管教，而是会有意识地让特特自我管理。随着年龄的增长，随着对于规则的深入了解，妈妈发现特特的规则意识明显增强。例如过马路的时候，只要是红灯亮时，即使路口连一辆车都没有，特特依然等到红灯变成绿灯时才通行。在超市排队结算的时候，特特乖乖地排队，虽然很着急，但却从不抱怨。看到特特越来越遵守规则，妈妈感到很欣慰。

对于规则，很多父母存在误解。他们认为越是严格管教孩子，孩子越是能够遵守规则。其实不然。如果孩子必须依赖父母的管教才能更好地控制自己，他们的自控力和自我管理能力就无法得以提升。在坚持正面管教的过程中，父母既要管教孩子，又要适度给予孩子自由的空间，这样孩子才有机会形成并拥有自控力和自我管理能力，才能更好地掌控自我，才能有更好的表现。

首先，要想让孩子自觉主动地遵守规则，父母要帮助孩子形成规则意识，让孩子意识到只有人人都遵守规则，整个社会才能有序运转；也只有每个家庭成员都遵守规则，家庭生活才能秩序井然。有些孩子一则没有认识到规则的重要性，二则存在侥幸心理，觉得自己即使偶尔不遵守规则也没关系，这都是错误的观点。

其次，父母要以身示范，为孩子树立好榜样。现实生活中，很多父母自己没有规则意识，常常会无视规则，或者是会故意打破规则。这对于帮助孩子形成规则意识、引导孩子养成遵守规则的好习惯，都是绝无好处的。

再次，在家庭生活中，规则面前，人人平等。在很多家庭中，父母都以高高在上的姿态对孩子发号施令，他们要求孩子遵守规则，自己却时常打破规则，这无疑会让孩子失去对规则的敬畏感，也会因为内心愤愤不平而不愿意主动遵守规则。因此，在家庭生活中，绝不能出现只许州官放火，不许百姓点灯的情况。只有要求全体家庭成员都遵守规则，孩子才愿意遵守规则。

最后，不控制，给予孩子主动遵守规则的机会，培养孩子的自律力。自由的孩子最自觉，如果父母总是试图以严格管控的方式对待孩子，那么孩子就不能主动管理好自己，他们甚至会以为“只要我表现不好，爸爸妈妈就会管我，提醒我，督促我”。不管是父母还是孩子都应该明确一点，那就是父母不可能始终陪伴在孩子身边，也不可能时时刻刻都管着孩子。让孩子从依赖父母的照顾和管教，到独立地面对人生，才是家庭教育的终极目标。

◇ 让孩子独立思考 ◇

当孩子提出问题的时候，父母不要当即就给孩子解答，而是要引导孩子进行观察和思考。当孩子需要动手来解答内心的疑惑时，父母应该给孩子提供便利条件。

为了保护孩子独立思考的积极性，哪怕孩子说出的话或者提出的问题过于稚嫩，父母也不要嘲笑或者讽刺孩子。父母每时每刻都要保护孩子的自尊心，尤其是要看重孩子提出的问题，积极地回应孩子。

高情商家教思维

1. 要求孩子参加家务劳动和社会公益劳动的目的是（　　）。（单项选择题）

   A. 减轻家长负担

   B. 培养孩子的劳动观念和自理能力

   C. 减少孩子玩耍的时间

2. 当孩子与同学发生矛盾时，家长应（　　）。（单项选择题）

   A. 严厉批评孩子

   B. 认为孩子是对的，全是同学的错

   C. 客观分析，帮孩子分清对错

3. 培养孩子心理素质和多方面的能力，家长应有意识地（　　）。（单项选择题）

   A. 设置一些困难，让孩子经受磨炼

   B. 给孩子创造优越的环境

   C. 尽量满足孩子的要求

4. 要培育充满自信的下一代，家长应做到（　　）。（多项选择题）

   A. 要学会尊重孩子、信任孩子

   B. 要多表扬和激励孩子

   C. 教会孩子如何生存和独立生活

   D. 要注意培养孩子的责任心

   E. 要为孩子做出榜样

百年树人，
品质和能力是孩子人生的基石

正面管教的主要目的就是培养孩子优秀的品质，培养孩子出类拔萃的能力，这样才能为孩子的人生夯实基础，让孩子厚积薄发，在生命的历程中有更加出色的表现。

信守承诺，让孩子以诚信立世

期中考试之后，因为悦悦取得了优异的成绩，所以妈妈承诺要在近期带悦悦去游乐场玩，作为奖励。悦悦最喜欢去游乐场玩了，她高兴得一蹦三尺高，当即追问妈妈："妈妈，我们到底什么时候去游乐场呢？"看着悦悦企盼的模样，妈妈知道悦悦担心妈妈的承诺没有期限，因此查了查日历，对悦悦说："下周六吧，咱们去游乐场。"悦悦伸出小手指和妈妈拉钩，边拉边说："拉钩上吊，一百年不许变。"妈妈慈爱地摸着悦悦的头，笑了起来。

从此，悦悦每天都在盼望下周六早早到来。然而，就在周三，妈妈突然接到通知要出差。这可怎么办呢？出差大概要离开家一个星期，这就意味着妈妈周六不能带悦悦去游乐场了。这次出差很重要，妈妈不能请假。思来想去，妈妈想出了一个办法。妈妈周三正常出差，周五晚上乘飞机回家，周六带悦悦去游乐场玩了一整天，晚上又乘飞机回到出差地。毫无疑问，妈妈这两次乘飞机都是纯自费。

爸爸心疼机票钱，抱怨妈妈："你就不能和悦悦说延迟到下周六去游乐场吗？来回乘坐飞机的机票钱，够去多少次游乐场啊！"妈妈对爸爸说："我在对悦悦许诺的时候，悦悦生怕不能兑现，所以特意询问我具体的时间。我既然已经承诺她了，就要做到，否则就会给她留下不守承诺的糟糕印象。"爸爸觉得妈妈说得有道理，只好提醒妈妈："下次再对孩子做出承诺时，一定要提前说好如果遇到出差等不可抗因素，就顺延到出差回来后的第一个周末，这样也算信守承诺。"妈妈觉得这不失为一个妥当的好办法。

现实生活中，有多少父母因为工作原因而理直气壮地对孩子食言呢？如果孩子有意见，他们还会说自己是为了工作，不是说话不算数。父母要知道，孩子得到了父母的承诺，每时每刻都在盼望着父母能够按时兑现承诺。即使父母是为了努力工作给孩子提供更好的生活条件，孩子也会因为父母食言而对父母失去信任。明智的父母不会强求孩子理解父母必须工作，而是会想办法兑现诺言，这样才能在孩子面前树立威信，也才能给孩子树立好榜样，培养孩子诚实守信的优秀品质。

诚信，是每个人立世的根基。一个人如果不能做到信守承诺，就不能赢得他人的信任和尊重。诚信的品质并非天生的，而是在孩子成长的过程中逐渐形成的。作为父母，对孩子要从小就有意识地培养诚信的品质，做到对孩子信守承诺。那么，除对孩子信守承诺，对孩子开展言传身教之外，还有哪些方法可以培养孩子诚实守信的品质呢？

首先，父母可以给孩子讲故事。例如，给年幼的孩子讲《狼来了》的故事，让孩子知道撒谎会失去他人对自己的信任。等到孩子长大了，父母还可以讲一些名人、伟人诚实守信的故事给孩子听，在潜移默化中对孩子施加影响。

其次，当孩子有不守诚信的行为时，父母要严厉批评孩子，也要告诉孩子诚信的重要性。如果孩子坚持诚信，也能够践行诺言，那么父母要及时表扬孩子，强化孩子信守承诺的良好行为，这样才能让孩子更加意识到诚信是优秀的品质，从而主动自发地坚持诚信。

最后，父母要杜绝孩子撒谎的行为。不管孩子因为何种原因撒谎，父母都要重视孩子撒谎的表现，也要及时纠正孩子撒谎的坏习惯。否则孩子一旦养成了撒谎的坏习惯，就会失去诚信，也会失去立世的根基。

总而言之，人无信不立。现实生活中，每个人都是社会的一员，都要与周围的人打交道。尤其是在现代社会中，人与人之间的分工合作更加密切，这就要求我们必须具备诚信的品质，才能更密切与他人进行交往或者开展合作。也可以说，一个人一旦失去诚信，就失去了一切。所以，父母一定要积极地培养孩子诚信的品质，让孩子“言必信，行必果”，处处受人欢迎。

心怀感恩的孩子更热爱生活

从小到大，妈妈都把闹闹照顾得无微不至。自生了闹闹，妈妈就成了全职家庭主妇，全心全意地照顾闹闹，陪伴闹闹。全家人都靠爸爸的薪水生活，因此爸爸工作压力很大，甚至不敢生病、不敢请假。为了闹闹，爸爸妈妈无怨无悔，他们常常说“只要闹闹能健康快乐地成长，将来成人成才，一切付出就都是值得的”。

前段时间，爸爸为了赚取更多的薪水，响应公司的号召出国了，要一年才能回来，妈妈更用心地照顾闹闹了。一天放学回到家里，闹闹发现妈妈躺在床上睡着了，他于是喊醒妈妈：“妈妈，我饿了，我要吃饭。”妈妈睁开眼睛，有气无力地对闹闹说：“闹闹，我感冒发烧了。你先吃点儿面包，喝杯牛奶吧！”闹闹当即噘起嘴巴，不开心地说：“妈妈，我想吃好吃的。你感冒了，谁给我做饭呢？你给我点儿钱，我要去楼下的炸鸡店吃炸鸡。”妈妈拿了100元钱给闹闹，闹闹去楼下吃炸鸡了。大概过了半个小时，闹闹才回来。闹闹自己吃得饱饱的，却没给妈妈带任何吃的。

妈妈伤心地问："闹闹，你吃饱了吗？"闹闹摸着肚皮点点头。妈妈又问："那么，我吃什么呢？"闹闹说："要不，我给你拿点儿面包吃吧。"妈妈提醒闹闹："你觉得让一个病人吃面包合适吗？"闹闹不明所以，反问妈妈："那你想吃什么啊，妈妈？"妈妈只得挑明了告诉闹闹："我想吃白菜馅的饺子。"闹闹恍然大悟："那我再去给你买吧。"在此之前，妈妈是不舍得让闹闹再下楼去买饺子的，但是妈妈发现闹闹丝毫也不懂得关心妈妈，更不知道感恩妈妈，因此她狠下心来让闹闹去楼下给自己买饺子。

吃完饺子，妈妈有些力气了，她语重心长地对闹闹说："闹闹，平日里妈妈照顾你，现在妈妈生病了，就该由你照顾妈妈了。以后，等到爸爸妈妈老了，你也要照顾爸爸妈妈呢。你要多多留心，观察妈妈是怎么照顾你的，这样将来你才能照顾好爸爸妈妈，知道吗？"此时，闹闹意识到自己没有主动照顾生病的妈妈是不对的，羞愧地点点头。

在很多家庭里，孩子们从小就习惯了接受父母无微不至的照顾和无私的付出，所以他们渐渐就会形成以自我为中心的错误思想，觉得父母就应该照顾自己，对父母丝毫没有感恩之心。其实，感恩与回报既是孩子成长的必修课，也是孩子必须具备的优秀品质。

每个人生活在这个世界上都在接受各种"恩赐"，例如我们接受自然的恩赐，享受阳光雨露，才能健康成长；我们接受老师的教诲，学习各种知识，才能让自己懂得更多；我们接受父母的照顾，从嗷嗷待哺的小生命长大成为独立的人，才能拥有属于自己的人生；我们接受陌生人的爱和帮助，就要把这份爱回馈给社会，让更多人感受到温暖……也就是人们常说的我为人人，人人为我。由此可见，我们只有先付出爱，才能得到他人爱的回馈。

孩子的感恩之心并非与生俱来的，而是在后天成长的过程中渐渐形成的。要想培养孩子的感恩之心，让孩子心怀感恩，热情地拥抱生命，在家庭生活中，作为与孩子最亲密无间的人，父母就要有意识地培养孩子的感恩之心，也要让孩子养成回报父母的良好意识。试问，如果孩子对父母都缺乏感恩之心，不愿意回报，那么他们还如何爱世界、爱身边的人呢？

要想培养孩子的感恩之心，父母要从以下几个方面对孩子加以引导。

首先，要让孩子学会感恩父母。新生命从呱呱坠地就开始接受父母无微不至的照顾，得到了父母全部的爱，所以孩子感恩父母是天经地义的。作为父母，应该以对孩子开展家庭教育为契机，从小培养孩子的感恩之心。有些父母常常说自己爱孩子是不需要回报的，这是父母对孩子的爱，然而，父母却不能总是当着孩子的面这么说，更不要明确告诉孩子不需要回报父母。孩子要以感恩父母为开始，培养自己对周围的人和事物的感恩之心。父母要让孩子感念父母的养育之恩，也要抓住各种机会引导孩子主动回报父母。

其次，要让孩子学会感恩他人。每个人的成长既离不开父母的照顾，也离不开生命历程中很多人的帮助，更离不开社会大环境的影响。因此孩子除要感恩父母之外，还要感恩社会，养成积极回报社会、乐于助人的优秀品质。例如，孩子要感恩老师的教诲，感恩同学和朋友的陪伴，感恩陌生人的及时帮助。只有对整个世界都心怀感恩，孩子才不会抱怨生活不如意，才不会在遇到困难的时候自暴自弃。

再次，要让孩子知道感恩是无处不在的，回报更是可以随时进行的。很多孩子把感恩和回报看得高不可攀，他们认为自己现在还没有赚钱的能力，因此无法感恩和赡养父母，却不知道在父母生日的时候给予父母祝福，或者自己动手为父母制作一件礼物，就足以表达对父母的感恩之心；他们认为自己还是学生，还没有完成学业，也没有取得成就，所以就无法给老师交上满意的答卷，就无法真正地回报老师，其实也许只需要用心地写一篇感谢老师的文章，就能让老师感动不已……由此可见，感恩和回报渗透在生活的方方面面，体现在生活的点点滴滴，并非必须举行专门的仪式或者必须在特定的时刻才能进行。家长有义务让孩子知道，只要有心，只要愿意，就能随时随地对身边的人表达感恩之心，也能力所能及地回报身边的人。

最后，父母要以身示范，为孩子做好榜样。现实生活中，很多父母本身对于自己的父母就缺乏感恩之心，他们常常当着孩子的面抱怨自己的父母没有为自己提供更好的条件，或者在父母需要照顾的时候选择逃避。总而言之，就是不愿意感恩自己的父母，也不愿意回报自己的父母。作为父母，切勿忘记孩子的眼睛时刻都在看着自己，他们会把父母的一言一行、一举一动都看在眼里。父母是孩子的老师，孩子是父母的镜子。今天，父母不孝敬自己的父母，未来，孩子也会不孝敬自己的父母。

具体来说，父母要在节假日去看望老人，也要在老人身体不适、需要帮助的时候及时关心老人。在其乐融融的家庭氛围中，孩子才会受到积极影响，懂得如何孝敬长辈，并且能够主动做到更好。由此可见，感恩之心不但是一种品质，也是一种生活的态度，更是家家户户代代传承的宝贵财富。

赠人玫瑰，手有余香

正值假期，爸爸妈妈带昆玉去景区玩。也许是知道每逢假期景区里就人山人海吧，乞讨的人都比平日里更多了。妈妈远远就看到有个乞丐和其他乞丐不同。其他乞丐都穿得脏兮兮的，纠缠行人，但是那个乞丐穿得很干净，还带着孩子，安静地待在路边，既不哀求，也不呻吟，只等着路过的人主动往他面前的盒子里扔点儿钱。妈妈又观察了乞丐带着的孩子，大概两三岁，很瘦弱，也很乖巧。这个时候，妈妈提醒昆玉："看看那个孩子多么可怜，小小年纪就和爸爸一起乞讨。"昆玉却对妈妈的话不以为然："都是骗子，有什么好可怜的。况且，他爸爸有手有脚，怎么就不能自己去赚钱呢？"听到昆玉这么说，妈妈一时不知道如何回答。

眼看快要走到那个乞丐面前了，妈妈才对昆玉说："做人要有同情心。我们不是别人，不知道别人到底身陷怎样的困境。我们唯一能做的就是略尽绵薄之力，帮助他人。我想，一个父亲但凡有办法，也不会带着孩子出来乞讨。不如我们帮帮他们吧，即使他们真的是骗子，我们也只是少喝几瓶饮料而已。但是如果他们真的需要帮助，我们也许就真的帮助到了他们。”说着，妈妈拿出50元钱给了昆玉。昆玉拿着钱很迟疑，在妈妈的催促下才走过去，把钱放到乞丐面前的盒子里。乞丐连连道谢，昆玉摆摆手回到了妈妈的身边。

妈妈夸赞昆玉：“昆玉，刚才你有一点做得很好，妈妈必须表扬你。”昆玉做了好事反而一改冷漠的模样，不好意思起来。他说：“妈妈，我是遵从您的意思才去帮助他们的，我没有什么值得表扬的。”妈妈真诚地说：“刚才，你虽然不想捐出这50元钱，但是在妈妈的要求下你还是去了。你送钱给乞丐的时候，并没有像大多数人那样腰杆挺直地把钱扔到盒子里，而是弯下腰、把手凑近盒子，轻轻地把钱放入盒子里。我想，这是因为你发自内心地尊重乞丐，并不觉得自己是在施舍。我们每次帮助他人都不要居高临下，而是要意识到自己正是在通过这样的机会成全自己。这才是助人该有的态度。”昆玉被妈妈说得脸红起来，连声说道：“妈妈，是您教会我善良，对人有同情心。谢谢妈妈。”

有的时候，一个无心的善举就能帮助他人渡过难关，让他人在饥寒交迫中至少能吃一顿饱饭。不可否认的是，现代社会的确有很多骗子，会假借乞讨之名骗人钱财，但是也的确有人是真的需要帮助的。父母固然要教会孩子识别骗术，但也要教会孩子同情他人。

从小到大，孩子不但需要充足的营养供给身体成长，在心理和感情上也需要滋养，只有这样才能养成各种优秀的品质。同情心，就是孩子应该具备的优秀品质。如果孩子没有同情心，他们不但会待人冷漠，对待自己的人生也会缺乏温度。如果孩子具有同情心，他们就会真诚地关心他人，会竭尽所能地帮助他人，从而让孩子在自己的周围形成正能量场，也让孩子养成乐于助人的好习惯，这有助于构建良好的人际关系。此外，是否具有同情心，还将会影响孩子价值观念的形成。因而父母要重视培养孩子的同情心，也要在必要的情况下给予孩子强大的助力，支持孩子帮助他人。

在上述事例中，昆玉妈妈说得特别好，那就是即使真的被骗了，也就是损失几瓶饮料的钱，对于自己的生活并不会产生影响。而如果错过了一个真正需要帮助的人，对方就会继续在困境中苦苦挣扎。当孩子具有了同情心，他们就会更积极地投身于公共事务之中。不管是一个小的家庭、一个集体，还是整个社会，都需要大家无私奉献，忘我付出。

2020年春节期间，中国武汉暴发了新冠肺炎疫情。面对疫情，全体中国人民团结起来，不遗余力地为国家做贡献。有的人驰援武汉，有的人捐赠口罩。在网络上流传的一段视频中，海外华人同胞们自发地组织起来，跑遍当地所有的药店高价购买口罩，又因为飞机上不能托运大量口罩，所以他们又高价购买机票，把成箱的口罩捆绑在座位上，用安全带系好，让口罩“坐”飞机回到国内，第一时间被运送到医院。看到视频的那一刻，相信每一名中国人都会感到骄傲和自豪。作为中华儿女，不管身在何处，我们始终心系祖国，不管面对怎样的灾祸和打击，我们总是能够团结一心、众志成城、共渡难关。反之，如果每个人都采取事不关己、高高挂起的态度，那我们就不会如此顺利地控制疫情，也就不会在春节前后 2 个多月里停下一切非必要活动，宅家抗疫。相比世界各国疫情的肆虐和蔓延，中国在最短时间内就控制了疫情，这既离不开党和国家坚强有力的领导，也离不开每个中国人甘愿付出的决心。

无论何时，我们心中都应该有温度，这样才能让我们的国家、民族和世界都充满温暖。父母一定要从小培养孩子的同情心，也要支持孩子奉献爱心。现实生活中，有些孩子原本是富有同情心的，可父母却要求孩子不要乱管闲事。如果人人都这样冷漠无情，那么整个社会的温度就会降至冰点。我们不可否认这个世界上的确有些人不怀好意，甚至还会违心地诬陷那些帮助过自己的好人，但是归根结底还是好人多，我们要在保护好自己的前提下力所能及地帮助他人。

人间有爱，才会温暖。每一个孩子虽然现在要依靠父母的照顾成长，但是他们终究会长大，成为社会的中流砥柱。只有成为有温度的人，他们才能让世界充满爱，也才能让未来更美好、更值得期待。

与人为善，就是与己为善

美国作家马克·吐温曾经说，所谓宽容，就是一只脚把紫罗兰踩扁了，紫罗兰却把它独特的香味留在了踩踏它的脚上。西方国家有句谚语与此大同小异，即赠人玫瑰，手有余香。所不同的是，赠人玫瑰是人们主动做出的行为，而紫罗兰被脚踩扁了，却是被动的。这意味紫罗兰即使受到伤害，也依然选择宽容和谅解。由此可见，宽容他人是一种非常宝贵的品质。心怀宽容的人即使被伤害，也不会怨恨他人，他们总是能主动化解心中的仇恨。有些心胸豁达的人，还能做到以德报怨。宽容能够消除仇恨，了却彼此间的宿怨。

宽容不仅是原谅他人的表现，而且能帮助我们放下内心的仇恨，更友善地对待自己。有些人的心中始终满怀仇恨，他们虽然没有寻找机会报复他人，但却因为仇恨而郁郁寡欢，因此损害自己的身心健康，这显然是得不偿失的。所以即使不是为了宽容别人，而只是为了释放自己，我们也应该做到与人为善、与己为善。

虽然宽容是优秀的品质，但遗憾的是，现代社会中，真正拥有宽容之心的人却少之又少。曾经有专门的机构针对小学生进行调查，发现很多小学生有斤斤计较、小肚鸡肠的毛病，只有很少的小学生选择原谅他人、遗忘伤害。

作为父母，不管是为了帮助孩子与他人之间建立良好的关系，还是为了引导孩子发泄负面情绪、保持平静理性，抑或是为孩子将来步入社会做准备，都要培养孩子的宽容之心，让孩子能够心怀宽容地对待自己、对待他人、对待人生。具体来说，父母要怎么做，才能真正培养孩子的宽容之心，让孩子具备宽容的品质呢？

首先，父母要以身示范，给孩子做好榜样。很多父母本身就很喜欢计较，不愿意宽容他人，这样就会使孩子受到负面影响，在父母的言传身教之下也变得越来越小肚鸡肠。

其次，父母要引导孩子设身处地地为他人着想，理解他人的苦衷，体谅他人的难处。所谓设身处地，就是假设自己是他人，面对他人的情况，看看自己将会做出怎样的选择。通常情况下，这种方法都能有效减少矛盾、缓解冲突。如今，大多数孩子以自我为中心，他们在家庭生活中受到父母和长辈无微不至的照顾和关爱，因而很难做到理解和体谅他人。所以父母要有意识地引导孩子换位思考，这对于帮助孩子建立良好的人际关系好处很多。

再次，教会孩子换一个角度看问题。很多事情，从这个角度来看是不可接受的，如果能够换一个角度来看，就是可以理解的。父母除了要教会孩子设身处地地为他人着想，还要教会孩子全面地看待和分析问题，从而帮助孩子平复激动的情绪，让孩子能够保持理性。家长最好能够培养孩子积极乐观看待问题的好习惯，这样孩子才能采取积极的思维方式去面对问题、解决问题。

最后，要教会孩子正确地看待自己和评价他人。很多孩子狂妄自大，觉得自己是无所不能的，因而对他人也就挑剔苛责。古人云，金无足赤，人无完人。每个人都既有优点，又有缺点。我们既不能妄自菲薄，也不能狂妄自大，而是要客观公正地看待和评价自己，既要看到自己的优势和长处，又要看到自己的劣势和不足。此外，在看待他人的时候，我们也要更加客观全面，这样才能正确地评价他人，也才能宽容地接受他人的不足。我们还要以发展的眼光看待他人，不要总是揪着别人的错误不放。

很多孩子会从自我的角度出发看待问题、考虑问题，也因此会去指责他人、苛责他人。孩子必须拥有宽容之心，才能宽容地对待自己和他人，也才能建立良好的人际关系，处处受人欢迎。在教育孩子的过程中，父母一定要坚持对孩子进行引导，让孩子学会换位思考，学会换一个角度看待问题，学会积极地处理问题，也学会以发展的眼光看待他人，这样孩子就会越来越宽容、越来越快乐。

鼓励孩子与人合作

今天，语文老师布置了一项作业，即要求孩子分小组合作完成辩论比赛。众所周知，辩论比赛有正反两方，而且正方和反方都有辩手，必须团结合作才能赢得辩论比赛。为了做好充分准备，乐乐所在的正方小组中，全体小组成员都推选乐乐当队长，因为乐乐不但写作水平很高，而且组织能力很强。乐乐沾沾自喜，他当即对同学们表态："放心吧，全都交给我！"

当天晚上回到家里，乐乐就开始搜集材料，准备写辩论稿、制作PPT。在此期间，有同学用QQ联系乐乐，询问乐乐有什么可以做的，乐乐不假思索地拒绝了："你们就等着到时候读辩论稿吧！"虽然乐乐大包大揽，但同学们却有些失落。有些同学嘀咕道："这可是小组比赛啊！"乐乐假装没听见，依然很卖力地做准备工作。直到辩论比赛即将进行的当天上午，乐乐都还没有组织小组成员进行演练。而反方小组却早就已经热火朝天地排练好几次了！每当同学们问起什么时候排练时，乐乐总说不着急，还说："你们就是读一段话啊，还需要排练吗？读总能读好吧！"就这样，直到比赛开始前半个小时，乐乐才把自己几经修改的辩论稿发给组员们。这个时候已经没有时间排练了，组员们只好各自读了几遍辩论稿。

辩论比赛开始了，反方辩论小组成员之间配合默契，发言铿锵有力，对于小组内其他成员的发言内容了然于胸，因而辩论一气呵成，大有排山倒海之势。乐乐的小组呢？虽然乐乐把辩论稿写得很好，但是因为没有提前排练，所以每名小组成员只负责读好自己的辩论稿，彼此之间不能做到遥相呼应，互为一体，因而气势大大减弱。最终，乐乐所在的小组失败了，乐乐感到很沮丧。

事后，老师为乐乐小组分析失败的原因，说："辩论比赛一定要全体总动员，否则只是生硬地读一读辩论稿，是不可能表达出精髓，并且在气势上获胜的。这次，乐乐的辩论稿写得很好，输就输在没有全员参与。下一次，乐乐一定要发挥积极合作的精神，调动起每名组员的积极性，这样才能让全组都获得胜利啊！"乐乐若有所思地点点头。

在这个事例中，乐乐虽然为小组辩论比赛做了很多准备工作，也可以说他把所有的工作都做了，但是却没有取得预期的效果，就是因为他没有调动起其他成员的积极性，也没有发挥集体的力量。可以看出，乐乐有个人英雄主义情结。在团队之中，要想做好很多事情，必须要精诚团结、通力合作，这样才能爆发更强大的力量。

在当今世界上，合作已经成为各个领域的人才必须具备的重要素质，孩子要想适应社会的发展，要想在社会竞争中赢得一席之地，就必须把自己作为一滴水融入大海，这样才能让自己爆发出更强大的力量。

遗憾的是，很多孩子从小就习惯了独占家里的一切资源，也习惯了凡事都占据绝对的中心位置，这使得他们即使走出家门，走上社会，也依然坚持以自我为中心的思维习惯，不能做到与他人紧密团结、精诚合作。因此，父母必须有意识地培养孩子的合作精神，让孩子懂得合作的奥秘，也深谙合作的益处，从而做到积极主动地与他人展开合作。

首先，要培养孩子的合作意识。孩子只有具备合作意识，才会积极主动地与他人合作。否则，孩子如果信奉个人英雄主义，不管在什么情况下都只想凸显自己，那么他们就会受到他人的排斥，也就无法把自己融入集体之中，使自己发挥更强大的力量。在与他人合作的过程中，父母还要教会孩子悦纳他人，而不要总是挑剔和苛责他人，否则就不能愉快地与他人展开合作。孩子必须认识到每个人都既有优点也有缺点，既有长处也有不足，这样才能在团队之中把自己与他人融合起来，取长补短，扬长避短，从而迸发出真正强大的力量。

其次，鼓励孩子多参加集体活动。很多孩子从小就习惯于独自玩耍，这使他们在进入集体生活之后，依然保持着独来独往的风格，不愿意融入集体。其实，孩子只有在集体生活中才能认识到合作的必要性，也只有在与他人合作做出成绩之后，才能更加主动地坚持合作，更加积极地融合力量。在日常生活中，父母要多鼓励孩子参加集体活动，在此过程中培养孩子的合作意识，也培养孩子的集体荣誉感。

再次，让孩子感受到合作的快乐。当孩子通过合作完成了艰巨的任务、获得很大成就感时，他们就会发自内心地感到快乐。很多孩子之所以不能积极主动地合作，不仅仅是因为他们习惯了当“独行侠”，也是因为他们没有产生合作的需要。那么在感受到合作带来的快乐之后，孩子合作的需求会越来越强烈，如果他们亲眼看到合作产生的丰硕成果，也亲身体验到合作的快乐，就会产生强烈的合作动机，会更加积极主动地与他人展开合作。为了激发孩子合作的欲望，父母可以有意识地为孩子设置必须通过合作才能完成的艰巨任务，还要引导孩子一起享受丰硕的合作成果。当孩子与团队成员在合作中大获成功的时候，父母还要及时肯定孩子，给予孩子赞赏和鼓励，这样孩子对于合作才能产生更加强烈和持久的热情。

最后，教会孩子合作的技巧。如果说个人英雄主义者只想通过完成某项任务来凸显自己，那么在合作的过程中，孩子们需要做的恰恰是隐没自己，让自己融入集体的力量之中。当然，在此过程中所取得的一切成果都是属于集体的。那些唯我独尊、狂妄自大、从来不考虑他人需求的孩子，很难真正融入集体并投入合作。要想让合作进行得更加顺利，就要以集体的目标为重，个人利益必须让位于集体利益，这样才能获得全局的胜利。

总而言之，合作对孩子而言是一项非常重要的素质和技能。孩子固然要有独特的个性，但也要学会合作，因为只有通过合作这种方式，孩子的力量才能成倍增强，孩子也才能和伙伴们一起完成艰巨的任务，获得巨大的成就感。

不包办不替代，培养小能手

小可8岁了，正在读小学二年级。从小到大，小可都是由奶奶照顾的。前段时间，奶奶回老家了，需要过很长时间才能回来。看到小可衣来伸手、饭来张口的样子，忙于工作的妈妈很抓狂。一天晚上，妈妈要加班，很晚才能回家，恰逢爸爸出差，所以妈妈为小可点了一份外卖，让小可先吃了外卖再写作业，困了就睡觉。然而，等到妈妈很晚回到家里却发现，外卖还好好地放在桌子上呢，小可却已经穿着衣服躺在床上睡着了。妈妈舍不得叫醒小可，又心疼小可没吃饭。

次日清晨，妈妈问小可："小可，你昨天晚上怎么没吃外卖？"小可可怜兮兮地说："我不会打开饭盒。以前都是奶奶盛好了饭菜给我吃的。"妈妈又好气又好笑："傻孩子啊，外卖的袋子解不开，可以用剪刀剪开呀。看着饭菜，还吃不到嘴里去，你不饿吗？"小可一边狼吞虎咽地吃着早餐，一边回答妈妈："我当然很饿啊，我都快饿死了，我做梦还梦见吃饺子了呢！"看到小可的独立能力这么差，妈妈暗暗想道：都是奶奶平时对他照顾得太好了，所以小可才什么都不会做。从现在开始，必须培养小可的独立能力。此后，只要是小可能做的事情，妈妈从不代劳。虽然妈妈代替小可去做只需要花费几分钟就能完成一件事情，但是妈妈宁愿花费半个小时教会小可去做，也不会直接代替小可去做。在妈妈耐心的教导下，也在妈妈“狠心”的训练下，小可各方面的能力越来越强。一年过去了，等奶奶回来的时候，小可已经成为一名小能手，奶奶惊讶极了。

在这个事例中，小可之前之所以什么都不会做，外卖送到家里都不会打开，吃不到肚子里去，就是因为他凡事都依赖奶奶，不能自力更生。爸爸妈妈都忙于工作，没有那么多时间照顾小可，所以妈妈只能着手训练小可的自理能力，希望小可能够自己动手，丰衣足食。

现代社会中，为何那么多孩子都是衣来伸手、饭来张口的小公主、小皇帝呢？就是因为他们都有勤快的爸爸妈妈或者勤快的爷爷奶奶。婴儿刚出生的时候什么都不会做，的确需要依靠父母的照顾才能生存。但是，这并不意味着孩子永远都需要父母无微不至的照顾。父母只有有计划地对孩子放手，有的放矢地锻炼孩子各个方面的能力，孩子才会成长得更快，能力也才会逐渐增强。

也有些父母明知道孩子需要得到机会锻炼，却因为担心孩子做不好反而给父母添乱，因而就主动替代孩子去做好每一件事情。这样的举动无异于剥夺了孩子成长的权利。试问，如果孩子从来得不到机会锻炼，他们又怎么会成长得更好呢？从现在开始，父母再也不要抱怨孩子什么都不会做，什么都不能做啦。与其抱怨孩子，父母还不如反思自己。父母一定要认识到坚持给孩子机会锻炼的重要性，这样才能让孩子更加快速地发展和成长。

很多父母总是羡慕别人家的孩子什么都能做，还做得很好。那么不要总是盯着别人家的孩子，因为没有孩子生而优秀，而是要更加用心地观察别人家的父母是如何当父母的。也许有些父母会说，孩子还小，能力有限。没关系，不管孩子的能力是大还是小，父母只要坚持让孩子做力所能及的事情，孩子就能取得进步。例如，1 岁的孩子就可以把自己穿脏了的纸尿裤扔到垃圾桶里了，2 岁的孩子就可以帮助妈妈摆放餐具，3 岁的孩子就可以自己动手清洗小袜子、小短裤等，可想而知，随着年龄的不断增长，孩子能做的事情会越来越多。在西方国家，很多家庭在孩子 18 岁之后，父母就不会再为孩子提供经济上的支持，而是要求孩子想办法自己养活自己。而在中国，很多孩子已经很大了，甚至早已成家立业，却还是依靠父母，还有些孩子竟然“啃老”，用父母微薄的退休金养活自己。不得不说，这样的孩子看似已经长大成人了，其实只是个不折不扣的巨婴，甚至有可能再也长不大。作为父母，我们当然不想养育出这样的孩子。

美国作家小霍丁 · 卡特曾经说，父母需要给孩子的只有两份遗产，一份是根，另一份是翅膀。卡特的话很好理解，所谓根，指的是孩子立足人世的根基，即孩子的心性与品质，这是父母留给孩子最宝贵的财富。所谓翅膀，就是孩子的能力和本领。孩子只有具备更多的能力，掌握高强的本领，才能飞得更高更远，才能飞到属于自己的广袤天地中，创造自己精彩而又充实的人生。

从现在开始，作为父母，我们就要对孩子放手。

首先，培养孩子自力更生的能力。一个人只有具备照顾好自己的能力，才能生存下来，而生存是发展的基础。孩子在成长的过程中会经历很多第一次，例如第一次独立吃饭，第一次独立行走，第一次独自外出……父母要陪伴和鼓励孩子经历这些第一次，也要在孩子具备相应的能力之后及时对孩子放手，让孩子敢于独立继续前行。

其次，给孩子尝试的机会。俗话说，不经历无以成经验。新生命呱呱坠地之际就像一张洁白无瑕的白纸，在这张白纸上，父母在描摹涂色，给孩子的人生打好底色。随着渐渐成长，孩子会越来越好奇，他们也想在白纸上描绘，那么父母不要担心孩子会画错或者涂错颜色，而是要指导孩子积极地尝试。即使错了也没关系，因为孩子正是踩着错误的阶梯而努力向上的。当孩子犯错误的时候，父母不要批评和训斥孩子，否则孩子就会畏缩胆怯，正确的鼓励和引导，才能让孩子勇敢地面对错误。

再次，放手让孩子做家务，做自己的事情。一定要让孩子养成自己的事情自己做的好习惯，此外，还要让孩子承担一定的家务。这样不仅能够培养孩子的能力，而且能让孩子形成小主人翁的意识，让孩子更积极地参与家庭事务，在此过程中锻炼自己各个方面的能力。

最后，要让孩子独立面对问题。很多父母就是孩子的救火员，孩子不管遇到什么问题，父母都会第一时间冲上前去挡在孩子前面，不由分说地代替孩子解决问题。其实对于有些问题，孩子是有能力自己解决的，例如与小伙伴之间的矛盾，孩子就应该靠着自己的能力去解决。父母要相信孩子的能力。很多父母打着爱孩子的旗号，凡事都为孩子代劳，都为孩子代办，最终的结果就是孩子什么都不会做，而且严重缺乏自信心，遇到任何问题，他们第一时间就想逃避，就会畏缩。父母显然不想让孩子变成这样，那么就要鼓励孩子独立面对问题。

父母不管多么爱孩子，都不可能始终陪伴在孩子的身边。随着不断成长，孩子终究要成为社会人，要独立在社会中生存和发展。父母只有从小就培养孩子的自理能力和自立能力，孩子才能从依赖父母渐渐走向独立，才能成为真正顶天立地的人。

提升财商，让孩子形成正确的金钱观

学校里组织开展跳蚤市场活动，同学们可以把不再需要的东西拿到跳蚤市场上出售，正在读二年级的陌陌很积极地参与了。他从家里带了很多淘汰的书本、玩具，以及一些零食去学校。跳蚤市场刚刚开始，他就卖出去好几本书，还用零食和同学交换了两本自己喜欢看的书。随着活动的推进，陌陌已经不满足于留在本班，于是带着自己的商品和战利品去其他班级“沿班售卖”。因为遇到了更喜欢的东西，他还用自己交换得来的书去换。在整整3个小时里，陌陌收获很多。

疫情之后，国家号召发展地摊经济。受到学校里跳蚤市场活动的启发，妈妈提出了一个好建议：“不如周末晚上我们也去摆摊吧，就卖家里的二手东西。”原本妈妈以为陌陌会积极响应，却没想到陌陌连连摆手：“不行啊，太丢人了。”爸爸当即纠正陌陌：“这有什么丢人的呢？又不偷，又不抢，靠着劳动赚钱，卖的是自家的二手东西。你不是挺大胆的？还很乐意参加学校组织的跳蚤市场活动呢！”陌陌说：“去摆摊和参加学校的跳蚤市场活动可不同。在学校里，同学之间都认识，而且大家都在交换或者买卖。去摆摊，可是要面对陌生人，而且万一人家不喜欢咱们的二手商品，咱们一件也卖不出，那可太尴尬了！”妈妈忍不住笑起来：“陌陌，全家就你有卖东西的经验，我还想让你当主力军呢，没想到反而是你先打起退堂鼓。你要是敢去摆摊，就会得到锻炼，说不定还能发掘你做生意的天赋呢！”

在爸爸妈妈的轮番鼓励下，陌陌终于鼓起勇气，答应和爸爸妈妈一起去摆摊。一开始，陌陌很害羞，不好意思大声吆喝。不过地摊经济很火爆，看到很多人都在摆摊，陌陌受到影响，也充满激情地吆喝起来。很快，他们就卖出了一本书，陌陌受到激励，居然拿着他们的商品四处吆喝，还煞有介事地与人讨价还价。这次摆摊之后，陌陌感触颇深地说：“卖东西可有大学问啊！”爸爸说：“那当然。你知道每个人最大的商品是什么吗？只要把这个最大的商品推销出去，我们就能获得真正的成功。”爸爸的问题显然把陌陌难住了，后来，在爸爸妈妈的启发下，陌陌恍然大悟：“是我们自己！”

不管是让孩子参加学校组织的跳蚤市场活动也好，还是让孩子摆地摊也好，父母的终极目的就是让孩子学会推销自己。宋代诗人陆游曾经说，“纸上得来终觉浅，绝知此事要躬行”。这句话告诉我们，只有亲身实践，我们才能更深刻地领悟一些道理，加深体会，获得不可言说的好处。现代生活中，很多孩子从小就享受丰富的物质条件和优渥的经济条件，他们不缺吃不愁穿，想要什么就有什么，唯独缺少财商。也有些孩子从小花钱大手大脚，即使长大了也没有金钱观念，常常挥霍浪费。所以带着孩子摆地摊的举动，不但可以锻炼孩子的胆量，培养孩子的口才，还能帮助孩子形成正确的金钱观，让孩子驾驭金钱。

在西方国家，很多孩子小小年纪就开始学着赚钱。他们虽然能力有限，但是却会去做一些力所能及的事情获得收入，例如卖柠檬水，帮助邻居取报纸、清理垃圾、修剪草坪等。他们既可以从父母那里得到零花钱，又可以自己赚取零花钱。而在中国，因为受传统观念的影响，很多父母羞于和孩子谈钱，甚至觉得过早地让孩子接触金钱不好。其实，每个人要想更好地生存，都离不开金钱的支撑。作为父母，与其避免和孩子谈钱，或者遮遮掩掩地和孩子谈钱，还不如积极主动地培养孩子的金钱意识，还可以借助合适的机会带着孩子一起赚钱，这样既能让孩子熟悉和了解生意之道，又能让孩子体会到赚钱的辛苦和乐趣，可谓一举数得。

上文中陌陌的妈妈趁着鼓励发展地摊经济的机会提出带着孩子一起摆地摊，这不失为一种具体有效的做法，可要想收到教育孩子的良好效果，摆地摊也不是随意摆了就可以实现对孩子的有效教育的，也要深得其法，才能取得良好的效果。那么父母如何做，才能和孩子一起玩转地摊经济呢?

首先，父母要尊重孩子的意愿，不要强求孩子。摆地摊可不比其他事情被强求也能做好，摆地摊需要孩子很主动地向顾客推销商品，与顾客搭讪，还需要与顾客讨价还价，所以孩子必须愿意摆地摊，才能做好推销工作。如果孩子对摆地摊很抵触，那么父母要对孩子动之以情，晓之以理，必要的情况下还可以采取技巧与孩子沟通，只要能到达激励孩子的作用就好。

其次，要培养孩子的金钱意识，让孩子知道必须找到物美价廉的货源，才能赚取差价。如果货源的价格很高，而且质量一般，那么孩子很难把辛苦购入的商品卖出去，甚至还有可能折本。要想做稳赚不赔的买卖，找到好货源、合理定价，都是关键。在此过程中，孩子将会亲身体验到赚钱的辛苦和不易，也会更加节约金钱。

再次，孩子必须学会与顾客讨价还价，既要争取让顾客出高价，又要让顾客开心而来，满意而归，这样顾客才能心甘情愿地进行交易。卖东西之所以难，关键在于要让顾客从口袋里掏钱，而世上没有人愿意平白无故地把自己的钱送给别人。所以要想把生意做成，孩子不仅要能言善辩，最重要的是还要赢得顾客的信任，让顾客这一次顺利成交，将来还能成为回头客，再次购买。

最后，父母可以带着孩子四处观摩，学习、取经。例如，可以带着孩子去商场或者市场，让孩子亲眼看看那些专柜里的销售员或者市场里的摊贩是如何与顾客讨价还价的，又是如何促成一笔交易的。孩子只要用心观察，细心揣摩，相信在经过一段时间的锻炼后，他们一定会表现得越来越好。

作为父母，要认识到培养孩子财商的重要性，也要认识到培养孩子推介能力的重要性。正如事例中陌陌爸爸所说的，每个人最大的商品就是自己，如果孩子从小就坚持锻炼，最终把自己推向社会，那么他们的前途将会一片光明。

◇ 培养孩子优秀的品质 ◇

作为父母，要有意识地培养孩子诚信的品质，做到对孩子信守承诺。

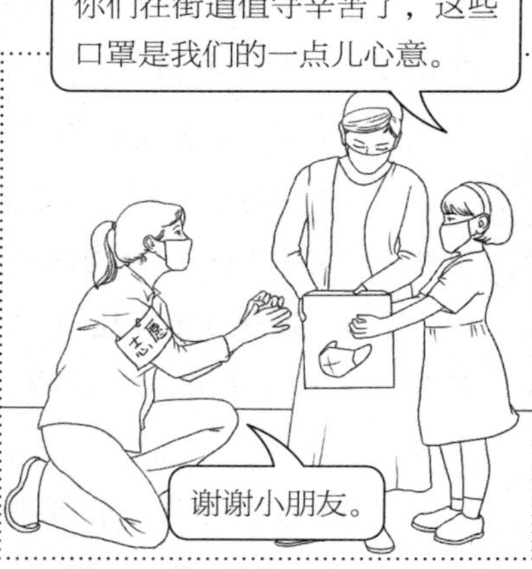

父母要在节假日去看望老人，也要在老人身体不适、需要帮助的时候及时关心老人。在其乐融融的家庭氛围中，孩子才会受到积极影响。

我们心中都应该有温度，这样才能让我们的国家、民族和世界都充满温暖。父母一定要从小培养孩子的同情心，也要支持孩子奉献爱心。

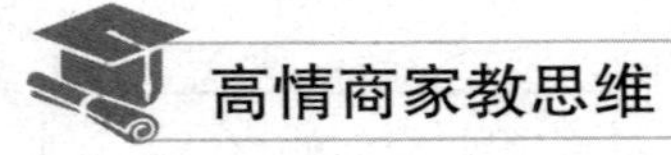

高情商家教思维

1. 怎样引导孩子孝敬长辈？（ ）（单项选择题）

A. 多给长辈买东西吃

B. 跟长辈住在一起

C. 父母要以身示范，做好孩子的榜样

2. 正确和恰当的教育动机与期望应是（ ）。（多项选择题）

A. 是否有利于孩子的健康成长和未来的生存发展

B. 是否适应时代要求、社会需要

C. 符合孩子的个性特点、志趣梦想

D. 符合孩子与家庭所处的实际情况

3. 判断题

（1）小学生的思想道德教育要依靠家庭、学校、社会全方位的重视和协同努力，才能真正做好。（ ）

（2）家庭德育是完善孩子人格的根本。（ ）

（3）引导孩子学会交往。让孩子从小就生活在伙伴的友谊之中，是避免虚拟时空诱惑最重要的保障。（ ）

（4）让孩子在自己的世界里成长。家长不必要时时处处都参与，孩子有孩子的世界。要引导孩子正确处理好与同伴的关系。（ ）

（5）家庭伦理道德是社会公德的基础，要让孩子知书达礼就应该从家庭教育开始，从教育孩子有礼貌地对待家人开始。（ ）

挫折教育，
让孩子在坎坷人生路上勇往直前

父母在坚持对孩子进行正面管教的过程中，既要注重对孩子进行挫折教育，又要引导孩子走过人生的泥泞坎坷，始终坚持勇往直前。唯有如此，孩子才能坚强勇敢，闯出属于自己的人生新天地。

成长不可替代，让孩子撞撞南墙

前段时间，小敏参加了学校的书法比赛，获得了第一名的好成绩，不但为自己争光，也为班级争得了荣誉。没过多久，学校接到通知，要选出几名学生参加市里的书法比赛，还要择优参加省里的书法比赛。老师当即推荐小敏参加，小敏非常开心。

这次书法比赛可不比学校里的比赛，毕竟参与的选手都是各个学校甚至是各个地区的优秀选手。妈妈叮嘱小敏："小敏，你可要十分重视啊，这次要是能够获奖，不但能为学校争光，甚至还能为咱们地区争光呢！"小敏志在必得地说："哈哈，放心吧，凭我的水平，一定没问题的。"

听到小敏自满的话，妈妈突然生出不好的预感，她提醒小敏："小敏，骄兵必败。上次你参加学校里的书法比赛，还刻苦练习了好几天呢，这次代表学校参加地区的比赛和市里的比赛，你更要刻苦练习啊。现在距离比赛还有一个多月，就是为了给你们充足的时间准备。"小敏拍拍胸脯说："我也算久经沙场了，一定能够赢得好名次。"妈妈没有继续叮嘱小敏，而是暗暗想道："赢得了好名次更好。如果没有得到好名次，吸取教训也是好的。"妈妈决定不再反复提醒小敏练习书法，而是任由小敏凭着自觉偶尔练习书法。

终于，到了书法比赛的日子。小敏信心满满地参加比赛，却愁眉苦脸地回到家里。原来，小敏因为没有做好充分的准备，对于有些字的结构掌握不到位，写了好几次都不能让自己满意，眼看着比赛结束的时间到了，她只好勉强上交了作品纸。看到小敏沮丧的样子，妈妈安慰小敏："没关系的，吃一堑长一智。你是因为没有参加过这种等级的书法比赛，所以有些轻视了。等到下次再有机会参赛，妈妈相信你一定会做好充分准备，也一定能取得好成绩。"这次参赛的经历，给了小敏很深刻的教训，从此以后，小敏不管参加什么比赛，都会做好充分准备，全力以赴。

在教育孩子的过程中，很多父母会陷入一个误区，即他们认为自己的学识比孩子渊博，人生经验比孩子丰富，所以必须每时每刻都给孩子提供理论的指导和经验的借鉴，这样才能避免孩子走弯路。其实，父母这样的想法完全是一厢情愿。孩子虽然缺乏知识，缺少经验，但是他们只能通过学习获得成长，也只能通过亲身经历来积累经验。父母只能给孩子提出合理建议，供孩子采纳，而不能强求孩子必须按照父母的意愿去做好每一件事。俗话说，不经历无以成经验。对于自身经历感悟而总结出的各种经验，孩子才会更深刻地理解，也才会积极地加以运用。如果父母强求孩子必须遵照父母的人生经验去做好每一件事情，那么孩子就会产生抵触心理，甚至故意与父母对着干。

明智的父母不会试图掌控孩子，更不会试图限制孩子。哪怕意识到孩子正准备做的事情有可能遭遇失败，只要后果不会对孩子造成不可挽回的伤害，父母就无须严令禁止，更不要想方设法地阻止他。明智的父母会给孩子机会亲身尝试和感受，也会控制好自己眼睁睁地看着孩子撞南墙。当然，在看到孩子失意沮丧的时候，他们不会嘲笑、讽刺孩子，更不会对孩子“落井下石”。相反，他们会安慰、支持和鼓励孩子，也会引导孩子反思错误，吸取教训，积累经验，从而帮助孩子在下一次做得更好。这何尝不是帮助孩子成长的重要方式呢？

父母要明确一点，那就是父母即使再爱孩子，即使拥有再多的人生经验，也不可能代替孩子去成长。孩子的成长是不可替代的，父母只能陪伴孩子走过一程又一程，却终究要看着孩子的背影渐行渐远。那么从现在开始，父母就要循序渐进地对孩子放手，给孩子更加广阔的人生空间去尝试，让孩子勇敢地开拓创新，努力进取，创造奇迹。

引导孩子主动承认错误

周六上午，思彤要上两节课外班，为此，妈妈早早地喊思彤起床。经过一个星期的学习，思彤也许累了，所以起床很困难。妈妈喊了思彤好几次，思彤都蜷缩在温暖的羽绒被里，对妈妈的呼唤充耳不闻。妈妈生气了，索性掀开思彤的被子。思彤睡得迷迷糊糊的，遭遇突然袭击，当即大喊大叫起来。她还哇哇大哭，对妈妈吼道："坏妈妈，坏妈妈。"结果可想而知，思彤原本就不想起来，现在更是可以理直气壮地生起床气了。整个早晨，家里鸡飞狗跳，思彤没有按时到达上课地点，还被妈妈狠狠地训斥了一顿。

看到思彤垂头丧气地去上课，妈妈在等待思彤的过程中，不由得开始反思自己：我原本是可以以更好的方式喊思彤起床的，例如拉开窗帘，为她播放一首音乐，再如，我还可以用早餐的香味儿诱惑她，但是我却采取了她最反感也最不能接受的方式，难怪思彤会生气呢！如果有人这么对我，我肯定也会生气。这么想着，妈妈没有那么气愤了，她意识到她与思彤的问题并非都出在思彤身上，而是和自己也密切相关。

中午，思彤上完课，妈妈带着思彤去吃午饭。为了向思彤表示歉意，妈妈和思彤一起去吃了串串香，这可是思彤的最爱啊。吃饭的时候，妈妈真诚地对思彤说：“思彤，今天早晨对不起，我不应该那么做。”思彤惊诧地看着妈妈，眼睛里渐渐溢满了泪水：妈妈这是怎么了，居然向她道歉？看着思彤难以置信的样子，妈妈再次说：“我以后再也不用那种令人讨厌的方式叫你起床了！”思彤这才不好意思地对妈妈说：“妈妈，不怪你。都怪我起床太磨蹭了，我又困，又觉得很冷，所以不想从被窝里出来。”妈妈说：“思彤，每个周末都要上课，你一定觉得很辛苦。再坚持一段时间，还有几周就该放寒假了，到时候你就可以痛痛快快地睡懒觉了，我保证不喊你。”就这样，母女俩敞开心扉，互相承认错误，其乐融融地享用完午餐之后，思彤精力充沛地去上课了。

如果妈妈不曾向思彤道歉，而是认为自己对思彤所做的一切都是对的，那么妈妈无法赢得思彤的谅解，也就无法引导思彤主动向妈妈道歉。现实生活中，有些父母与孩子之间的关系之所以剑拔弩张，就是因为父母总是居高临下地对待孩子，哪怕明知自己做错了，也坚决不向孩子道歉。当看到父母这样的表现时，孩子就会受到负面影响，又怎么会向父母道歉呢？孩子只会和父母学习，拒绝承认错误，甚至拒绝反省错误。

在这个世界上，没有人是十全十美的，更没有人能保证自己所做的每件事都是正确的。很多父母的心理包袱很重，他们认为自己作为父母绝对不能向孩子道歉，甚至还明目张胆地找理由为自己开脱。殊不知，作为父母，如果总是隐瞒或回避自己的错误，那么日久天长，孩子就更不愿意服从父母，而且还会质疑父母。父母要想对孩子进行教育，就要在孩子面前树立权威，一味地拒绝认错只会让父母的权威性降低，只有积极地向孩子承认错误，父母才能提高自己在孩子心目中的形象。

很多父母发现孩子不愿意承认错误，那么先不要忙着指责孩子，而是要从自己身上寻找原因，反思自己的所作所为。具体而言，父母如果能够做到以下几点，就能引导孩子主动承认错误，也能培养孩子积极反思的精神。

首先，父母要及时向孩子道歉。很多父母在意识到自己错了之后，碍于面子，当时并不愿意向孩子道歉，等到事情发生很久之后才欲语还休地向孩子道歉，此时道歉已经失去了应有的效果。

其次，父母要真诚地向孩子道歉。父母是孩子的老师，孩子是父母的镜子。父母不管因为什么犯了错误，都要真诚地向孩子道歉，只有这样孩子才能感受到父母的诚意，也才会在潜移默化中受到父母的影响，并且还会学习父母勇于承认错误的精神。

再次，理性地与孩子进行讨论，深入地分析问题。道歉并非解决问题的方法，而是表明态度的方式。然而，态度可不是随随便便就表明的。既然要争论是非曲直，父母就要与孩子进行讨论，也要全面地分析问题，这样才能让孩子明白道理，也能让孩子学会反思和反省自己的言行举止。

最后，当孩子积极主动地向父母道歉或者是表达歉意时，父母不要再揪着孩子的错误不放，而是要摆出高姿态。孩子主动道歉的目的是得到谅解，如果他们发现不管是否道歉都会被父母批评，那他们很有可能选择不道歉。因此，面对孩子的歉意，父母要给予孩子积极的回应，也要给予孩子最友好的帮助。

任何人际关系都需要以真诚友善为基础，亲子关系也是如此。虽然道歉可能只是一句口头上的话，却能够在关键时刻温暖人心。父母要学会向孩子道歉，也要引导孩子积极主动地承认错误。在文明时代，尊重换来尊重，坦诚换来坦诚，真心换来真心。父母既然在亲子关系中占据主导地位，就应该更加主动地摆出高姿态，从而建立良好的亲子关系。

让孩子承担后果

在教育孩子方面，夏雪的妈妈可是与众不同的。虽然夏雪是女孩，但是妈妈从来不会像其他妈妈那样对夏雪百般娇纵和宠爱；相反，她常常向夏雪提出过高的要求，让夏雪做一些力不能及的事情。可想而知，夏雪能力有限，面对超出自己能力的事情，难免会把事情搞砸，这样一来，她就不得不承受失败的打击，有的时候还要承担后果。

有一年暑假，妈妈计划安排10岁的夏雪独自乘坐飞机到姥姥姥爷家所在的城市。得知妈妈的这个决定，姥姥姥爷强烈反对："这可不行啊，万一走丢了怎么办？"但是妈妈主意已定，姥姥姥爷只好早早赶到飞机场等候接机。看到夏雪平安落地，他们悬着的心才终于放了下来。

夏雪才刚刚升入初一，妈妈就不再接送夏雪，而是让夏雪独自上学放学。就连周末的补习班，妈妈也要求夏雪独自去上。有一次，夏雪一不小心坐过了站，不知道自己到了哪里，就给妈妈打电话，妈妈却淡然地说："走到马路对面，坐返程的车回到上车的地方，你就知道回家的路了。”从此之后，夏雪坐车总是确定好路线，确定好站台，坐车的过程中也侧耳倾听报站，再也没有坐过站。

父母不可能永远为孩子遮风挡雨，也不可能永远都陪在孩子身边提醒孩子各项事宜，更不可能永远保护孩子不受伤害。要想让孩子走好未来的人生道路，父母就要尽早对孩子放手，指引孩子独立做好很多事情，也勇敢地承担责任。

现实生活中，很多孩子从小就得到全家人的爱，从来不为任何事情发愁。在父母无微不至的照顾下，他们的自理能力从未得到发展，因而形成了极强的依赖性，不管做什么事情都需要父母反复催促和叮咛，才能勉强做好。当父母不在身边的时候，他们因为缺乏独立思考的能力，常常会觉得手足无措。可想而知，孩子有这样的表现，意味着他们能力的欠缺。

父母之爱子，则为之计深远。明智的父母会有意识地让孩子吃苦受累，也会提供机会让孩子接受历练。孩子的成长并不在一朝一夕之间，父母要有足够的耐心陪伴和引导孩子，也要在生活的点点滴滴中坚持培养孩子承受挫折的能力，培养孩子坚强负责的勇气。具体而言，父母要做到以下几点。

首先，要引导孩子积极地面对失败。很多孩子承受挫折的心理能力很差，他们遇到小小的困难就会放弃，受到小小的打击就会一蹶不振。父母要告诉孩子，失败是成功之母，也是通往成功的阶梯。唯有接纳失败、直面失败，孩子才能承担失败的后果。

其次，要有意识地对孩子进行挫折教育。很多孩子从小就一帆风顺，他们不管有什么需求和欲望都能得到满足，不管经历怎样的困境都有人相助，这使他们误以为生活就应该是波澜不惊、顺遂如意的。父母不要掩盖生活的真相，使孩子对生活产生误解，而是要让孩子知道挫折是生活必不可少的一部分，一个人唯有直面挫折，才能成为命运的主宰，真正地驾驭命运。

再次，适度期望孩子。很多父母会对孩子提出过高的要求，这样的要求完全超出了孩子的能力，使孩子在努力却达不到父母的要求时，感到失意沮丧，甚至自暴自弃。这样一来，孩子还谈何承担责任呢？父母要适度期待孩子，在对孩子提出要求时，要以孩子的真实能力水平为基础，这样才能让孩子在努力实现目标之后获得成就感，让孩子更愿意继续努力，再接再厉。

最后，不要打击孩子的信心，要多鼓励孩子。孩子的成长离不开父母的鼓励。孩子往往把父母的评价看得至关重要，而且会把父母的评价作为自我评价。所以父母切勿否定孩子，更不要给孩子贴上负面标签。好孩子都是夸出来的，父母只有多鼓励孩子，孩子才会鼓起信心和勇气，真正地承担起责任。

让孩子越挫越勇

得知班级里有好几个女生在学习跳舞，菲菲也想学习跳舞，因而央求妈妈给她报名参加舞蹈班。没想到，才上了几次课，菲菲就向妈妈提意见：“妈妈，学习舞蹈太累了，我再也不想学了。”妈妈很惊讶：“是你自己要学舞蹈，我才给你报名的啊！”菲菲不以为意地说：“我看到班级里几个女生跳舞都很美，所以才心动的，我又不知道学舞蹈这么累。”听着菲菲的抱怨，妈妈无可奈何地说：“干什么事情不累呢？不累，就做不好任何事情。你不是最喜欢杨丽萍跳的孔雀舞吗？可你知道杨丽萍为了跳舞付出了多少，坚持了多少年吗？俗话说，台上一分钟，台下十年功。妈妈希望你能坚持下去，如果总是半途而废，是什么也学不好的。”在妈妈的鼓励下，菲菲只得继续学习舞蹈。

就这样过去了几个月。在一次考级中，其他同学如愿以偿地通过考级，唯独菲菲因为练习不够，没有通过考级。这让菲菲深受打击，她又开始打起退堂鼓。有几个同学还嘲笑菲菲不是学习舞蹈的料，这让菲菲更加难以接受。看到菲菲死活也不愿意继续学习舞蹈了，妈妈只好同意菲菲暂时停止上课，她还得继续想办法，找机会说服菲菲，鼓励菲菲，激发菲菲的好胜心。

现实生活中，很多孩子缺乏竞争意识，而且不能承受打击。他们习惯了顺遂如意，习惯了有任何需求和愿望都能第一时间得到满足，习惯了让父母或者其他长辈帮助他们解决一切难题。这使得他们在挫折面前脆弱得不堪一击。然而，人生不如意十之八九，命运对谁都不会特别偏爱，更不会特别照顾。孩子要想实现自己的理想，完成自己的志向，就必须有越挫越勇的精神，那样才能从失败中吸取经验教训，才能踩着失败的阶梯努力向上，绝不放弃。

当然，孩子因为受到打击想要放弃，感到沮丧失望，甚至是打起退堂鼓，都属于正常的心理反应和行为反应，因此父母无须对此感到过度担忧。父母要认识到，孩子的成长要经历漫长的过程，哪怕孩子因为受到打击而哭泣，父母也不要指责孩子缺乏承受力或胆小怯懦。父母的指责只会让孩子更加沮丧，自暴自弃。父母与其指责孩子，还不如抓住各种机会提升孩子的抗挫折能力，让孩子越挫越勇，这对于孩子将来独立面对人生困境是很有益处的。

具体来说，首先，父母要给孩子积极的心理暗示，鼓励孩子勇敢坚强地面对人生中的各种困难。在心理学领域，心理暗示的作用是很强大的。消极的心理暗示会削弱人内心的力量，积极的心理暗示则使人内心充满力量。父母对孩子的心理暗示会起到很好的效果，例如，让孩子充满信心和勇气地面对苦难，让孩子越挫越勇，让孩子相信自己拥有父母作为坚强的后盾，因而没有后顾之忧。反之，如果父母总是给孩子消极的心理暗示，孩子就会缺乏自信，在遇到困难的时候很有可能缴械投降，不战而降。

其次，父母要有意识地培养孩子的抗挫折能力。孩子缺乏知识和阅历，缺乏人生经验，因而并不能客观地评价自己，也不能理性地判断各种情况，这使得他们在解决问题的时候很容易陷入困局之中，无法以开阔的思维寻求更多的可能性。面对孩子这样的表现，父母与其指责孩子，不如有意识地培养孩子的抗挫折能力。毕竟即使作为最爱孩子的父母，也不可能保证孩子在成长过程中始终一帆风顺。面对人生，每个人都要经受历练，最重要的不是改变客观存在的世界，也不是改变周围的人和事情，而是改变自己。人们常说，改变那些可以改变的，接受那些不能改变的，这才是生存的智慧。显而易见，孩子必须拥有这样的生存智慧，才能在成长的过程中有更加出色的表现。

总而言之，在生命的历程中，每个人都有可能遭遇意外，承受挫折和打击，更会有各种各样的不如意。面对失败和挫折，如果我们鼓起勇气，绝不放弃，那么我们还有获得成功的机会。反之，如果我们总是怨声载道，把失败的原因归咎于外界，那我们的内心就会沮丧绝望，甚至彻底放弃。那也意味着我们将会彻底与成功绝缘。我们一定要让孩子拥有越挫越勇的勇气，这样以后他们才能在命运的旋涡中始终高举希望的大旗，也才能在未来实现生命的价值和意义。

和孩子一起迎接挑战

学校要举办运动会，乐乐报名参加了1000米长跑。原本妈妈很担心乐乐能否坚持以最快的速度跑完全程，但是爸爸却对乐乐表示支持。爸爸说："生命在于运动。男孩子就要有超强的体能，才会有力量，也才能创造奇迹。"在爸爸的鼓励下，乐乐甚至为自己定了一个目标——获得1000米长跑冠军。

体育课上，体育老师为乐乐测试了1000米跑的时间。结果显示，乐乐距离1000米跑的满分成绩——4分零5秒还相差很远。而在运动会上，他将会和全校很多个1000米跑满分的体育健儿展开竞争。测试之后，乐乐明显有些沮丧。爸爸看到乐乐垂头丧气的模样，询问乐乐原因。得知乐乐的1000米跑成绩不理想后，爸爸安抚乐乐："没关系的，只要我们好好练习，说不定会成为赛场上的一匹黑马呢！别看那些同学的1000米跑成绩都很好，如果他们因此而骄傲，反而还会落后呢！"

听到爸爸的一番分析，乐乐的心中再次燃起了希望。他说："现在距离举办运动会还有半个月，从明天开始我要晨跑。"爸爸当即表示赞同，而且立即表态："好样的！儿子，我陪你一起晨跑。"乐乐难以置信地看着爸爸臃肿的身材，揶揄地说："亲爱的爸爸，您还是算了吧，我怕您作为陪跑只会减慢我的速度。"爸爸忍不住哈哈大笑起来，说："要不我骑着自行车陪你吧。你跑得慢，我就推着自行车小跑；你跑得快，我就慢慢骑着自行车跟着。"父子俩就这样愉快地达成了协议。次日清晨，爸爸果然早早起床，陪着乐乐去跑步。经过半个多月的高强度训练，乐乐的1000米跑成绩大幅度提高，他在运动会中取得了第二名的好成绩。

虽然比赛结束了，但是乐乐却感受到了晨跑的乐趣，他还想继续坚持晨跑。爸爸依然无条件地支持乐乐，对乐乐说："看来，我还要继续骑自行车陪着你，顺便还能减掉这一身赘肉，可谓一举两得啊！"

人都有趋利避害的本能，人都贪图安逸，而不想与本能博弈。然而，在很多领域，要想有所成就，我们就必须对自己宣战。就像在这个事例中，乐乐报名参加了1000米跑。作为妈妈，担忧乐乐的身体承受力；作为爸爸，却第一时间站出来陪伴在乐乐身边，和乐乐一起迎接挑战。这样的并肩作战，将会使父子关系更加亲密，使父子感情更加深厚。

在这个事例中，爸爸有一点做得特别好，那就是当得知乐乐的1000米测试成绩不理想时，爸爸并没有给乐乐泄气，也没有挖苦、讽刺乐乐，而是鼓励乐乐。对于孩子而言，遭遇挫败原本就会让他们情绪低落、郁郁寡欢，如果此时再被父母奚落，他们就更是会信心全无。面对自信心受到打击的孩子，父母切勿指责孩子，让孩子感到雪上加霜，而是要真诚地鼓励孩子，全力以赴地支持孩子，让孩子感受到雪中送炭的温暖，这样才能帮助孩子提振信心，促使孩子在未来表现得更好。

在成长的过程中，孩子经常会遭遇挫折。除参加运动会没有取得好名次、考试没有取得好成绩之外，诸如参加班干部竞选落选、参加某一项比赛却没有获得奖项，这些都会让孩子感到失意沮丧。有些时候，父母对这些失意不以为意，但是孩子却把这些失意看得特别重要。父母应该设身处地地为孩子着想，也要学会换位思考，理解孩子的情绪和感受，这样才能更好地安抚孩子，也让孩子提振信心，再接再厉。

那么，父母如何做，才能和孩子一起迎接挑战呢？

首先，得知孩子为自己设定了一个目标后，父母切勿给孩子泼冷水，而是要帮助孩子增强信心。俗话说，世上无难事，只怕有心人。在这个世界上，没有什么事情是绝对不可能的，只要孩子立志排除万难，他们就能凭着稚嫩的身躯和顽强的意志力创造伟大的奇迹。

其次，陪伴在孩子身边，和孩子一起努力加油。就像事例中的乐乐，为了在1000米跑步比赛中获得好名次，他决定开始晨跑。这个时候，爸爸不仅在语言上鼓励乐乐，更是在行动上大力支持乐乐，让乐乐充满信心。

再次，告诉孩子父母永远爱他。孩子需要安全感，如果他们一边挑战自我，一边担心如果失败就会被父母嘲笑、讽刺或者批评，那么他们如何拼尽全力做到最好呢？父母要给予孩子信心，使孩子相信无论他们表现如何，无论他们最终取得了怎样的结果，父母都是他们最坚定不移的支持者。

最后，中肯地评价孩子，引导孩子认识自身的优势与特长、缺点与不足。现代社会提倡赏识教育，因此很多父母常常不由分说地赞美孩子，他们的赞美既空虚又乏味，而且还泛滥成灾。孩子也许在刚开始听到这样的赞美时还会感到兴奋，但是随着听的次数越来越多，一旦听到父母一成不变的空洞赞美，他们就会特别反感。父母要想帮助孩子迎接挑战，与其违心地或者是漫不经心地赞美孩子，还不如中肯地评价孩子，这样孩子才能更加客观公正地认知自己，从而做到扬长避短、取长补短，获得真正的进步和成长。

挫折教育，是孩子成长的养料

现代社会中，青少年做出过激举动的事情时有发生。为此，很多人把矛头对准了家庭和学校，认为是父母和老师的急功近利给了孩子巨大的压力，也使孩子不堪重负。还有人把矛头对准高考，认为现在的高考虽然不再是千军万马过独木桥，但是差一分就差几千人的现状依然没有改变。实际上，我国人口众多，优质的教育资源有限，这也就意味着在未来很长一段时间里，每个人都要面对竞争，也要努力适应竞争。人们常说，对于无法改变的一切，我们只能接受和面对。其实，这个道理不仅适用于成人，也适用于孩子。悲剧之所以发生，并不是因为孩子承受的压力太大，而是因为孩子的心理承受能力太差。

在很多家庭中，父母不管家庭的经济条件如何，都会竭尽所能地为孩子提供最优质的物质生活条件，这使得孩子从小就在衣食无忧、物质极大丰富的环境中成长，渐渐地习惯了生活一帆风顺的假象。终有一天，孩子长大了，走出了家庭，失去了父母的庇护，他们不得不独自面对残酷的竞争，独自承受巨大的压力，因而很容易陷入崩溃状态。明智的父母会有意识地让孩子吃苦，让孩子承受挫折和打击，让孩子知道生活从来不会始终都如鲜花盛开般绚烂，也会有凄风苦雨的无奈和悲惨。孩子只有提前做好心理准备，在迎接生活的残酷时才更容易接受，也才能够从容应对。

父母要告诉孩子，要想在现代社会赢得生存的机会、寻求发展的可能，每个人都要随时随地投身于激烈的竞争之中，都要面对成功的喜悦和失败的打击。活着，原本就是一场又一场的博弈，如果放弃，那么就连微小成功的可能性也都彻底失去，等待我们的将会是终结性的失败。唯有坚持不懈地努力，唯有不放弃地拼搏，我们才能为自己争取到更大的成功可能性，也才有可能从艰难的处境中跋涉出去，迎来无限生机。

人生的道路那么漫长，父母即使再爱孩子，也不可能庇护孩子一辈子。父母只有认清楚这个道理，才不会始终庇护孩子，而是会循序渐进地对孩子放手，让孩子经历风雨的打击和挫折的淬炼。现实生活中，很多成年人也不能从容应对挫折，更何况是孩子呢？所以父母要给孩子树立榜样，家长在生活和工作中遭遇困难的时候，切勿当着孩子的面说一些灰心丧气的话，而是要始终坚持不懈，勇往直前。父母要以亲身经验告诉孩子，挫折是人生中不可或缺的一部分，要勇于面对。

很多孩子之所以不能承受挫折，是因为他们对挫折怀有抵触的态度。他们认为挫折是人生中的不速之客，所以迫不及待地想要战胜挫折，消除障碍，让人生一帆风顺。这样的想法是不符合实际的，也会让孩子因为挫折而陷入痛苦之中。

在医学领域，癌症是至今无法攻克的顽疾，很多人被癌症夺去了宝贵的生命，也有很多人以积极乐观的心态与癌症共生，反而活得豁达而又从容。面对挫折，我们也应该拥有积极乐观的心态。既然挫折是不可避免的，那我们就要把与挫折的博弈当成人生的常态，也要坚持在战胜挫折的过程中提升和完善自我。当孩子怀有这样的心态，他们就更能接受挫折的存在，也就能够激发自身的潜能，以最佳的状态战胜挫折。父母是孩子的守护神，既要在孩子小时候无微不至地照顾孩子，又要在孩子成长的过程中承担起领路人的角色，引领孩子的精神世界到达巅峰。

当孩子承受挫折的时候，父母要做到以下几点，才能帮助孩子把挫折变成人生的养料。

首先，父母要引导孩子以合理的方式释放负面情绪。在遭受挫折之后，孩子难免会意志消沉，心绪低落，父母要及时开导孩子，也可以教会孩子以合理的方式宣泄情绪。只有轻装上阵，孩子才能从挫折中吸取经验和教训，获得成长。

其次，转移孩子的注意力，帮助孩子消除挫败感。很多孩子承受挫折的心理能力比较差，往往会沉浸在挫败感之中无法自拔。父母可以采取转移注意力的方式，让孩子关注那些开心的事情，从而帮助孩子暂时消除挫败感。此后，再以有效的方式和孩子一起弥补损失，及时补救，从而让孩子彻底消除挫败感。

总而言之，挫折是生命的养料。孩子只有正视挫折，才能以挫折为契机获得成长和进步。在此过程中，父母还要重视对孩子进行生命教育。每个人都不知道生命的长短，却可以拓宽生命的宽度，这样才能让生命更加充实厚重，富有意义，也才能够实现人生最大的价值。

◇ 让孩子坚强勇敢 ◇

要想让孩子走好未来的人生道路，父母就要尽早对孩子放手，指引孩子独立做好很多事情，勇敢地承担责任。

面对孩子逃避困难的情况，父母与其指责孩子，不如有意识地培养孩子的抗挫折能力。

在遭受挫折之后，孩子难免会意志消沉，心绪低落，父母要及时开导孩子，也可以教会孩子以合理的方式宣泄情绪。

高情商家教思维

1. 孩子在学习上遇到困难，家长应有的态度是（　　）。（单项选择题）

A. 指责孩子太笨

B. 鼓励孩子克服困难，适当给予指点

C. 包办代替

2. 培养孩子心理素质和多方面的能力，家长应有意识地（　　）。（单项选择题）

A. 设置一些困难，让孩子经受磨炼

B. 给孩子创造优越的环境

C. 尽量满足孩子的要求

3. 家长对孩子的要求应符合年龄特征和个性特点，提出的要求应是（　　）。（单项选择题）

A. 通过孩子的努力能够达到的

B. 超过孩子能力和实际情况的

C. 不经努力可以达到的

4. 判断题

（1）现在的坏人很多，把孩子一个人放在家里实在不放心，所以出门的时候将门反锁，就放心了。（　　）

（2）让孩子多多体验成功，是帮助孩子成才的关键。（　　）

（3）培养孩子的耐挫性，主要是让孩子少遇到挫折。（　　）